10万人以上を
指導した
中学受験塾

SAPIX《サピックス》だから知っている頭のいい子が家でやっていること

教育ライター
佐藤 智

Discover

私は、これまで教育ライターとして、学校の先生などの教育関係者と保護者との橋渡しをする役割を担ってきました。教育に携わる専門家の方々はたくさんの伝えたい言葉をもっています。私はそれを紡ぎとり一生懸命に、保護者に伝えようとしてきました。

また、保護者も教育関係者にたくさん聞きたいことをもっています。

「小学受験もしくは、中学受験をさせるかどうか悩んでいるんです」

「こんなことをさせてみたいのですが専門家からみてどう思いますか？」

そんな疑問を抱えながら日々子育てに奮闘しているのではないでしょうか。

もっと、この両者の橋渡しをすることはできないだろうか。

教育関係者と家庭をうまく接続することができれば、多くの子どもたちがそれぞれの育ちのペースで、ユニークな成長をしていくことができるはずなのに。

教育ライターとして、両者の境界線に立つ私は、ずっとそんなことを考え続けてきました。

今回、ＳＡＰＩＸ（サピックス）小学部という中学受験進学塾を取材して、その第一線で子どもたちと向き合う講師の声を届けたいと思ったのにもそうした背景があります。

ＳＡＰＩＸ小学部とは、首都圏難関中学の麻布中学校や開成中学校、桜蔭中学校などの中学受験で数多くの合格者数を誇る塾です。受験勉強だけでなく、ここでの経験を一生の財産にしてほしいという思いで教育にあたっています。

ちなみに、ＳＡＰＩＸには、Science＝科学する眼を育てる、Art＝豊かな感性と創造性を磨く、Philosophy＝思考力を育てる、Identity＝個性を大切にする、Ｘ＝「未知数」に挑むという意味が込められており、毎年全国で約６０００人の小学生が入塾し、巣立っていきます。

「ＳＡＰＩＸの本」というと、もしかしたら中学受験の攻略法がつぶさに掲載されていることを期待して、手に取ってくださった人もいらっしゃるかもしれません。

しかし、この本には中学受験をいかに突破するかについては書かれていません。国語の論説文への挑み方や算数の効率的な解き方が載っているわけでもありません。どこの中学がおすすめかをランキングしているわけでもありません。

この本は、もっと、ずっと手前にある学びの本質の部分について書いています。

・子どもが勉強に興味をもつにはどうしたらいいのか？
・学びが好きになるにはどうしたらいいか？
・学び続けていく子に育てるためにはどんな習慣が必要か？

SAPIX小学部で長年子どもたちと向き合ってきた国語・算数・社会・理科それぞれの教科の専門家と、そんな疑問を紐解いていきました。

また、冒頭で紹介したお父さんお母さんの「勉強」に関する根本的な悩みの解決法についてもお伝えしていきます。

「中学受験についてはまだ何も考えていなくて」「うちの子、勉強には向いていない気がする」、そういった思いを抱いている保護者にぜひ読んでいただきたい一冊です。

教育ライターとして、ずっと信じ続けてきたことがあります。

それは、たくさんの選択肢を得ることが、子どもたちの可能性を広げることにつながるということ。

勉強や学びの楽しさを知ることは、子どもの選択肢を増やすことにつながります。

その楽しさを胸に、中学受験をしてもいいし、しなくてもいい。**どんな道を選んだとしても、学ぶ楽しさを知っていれば、きっと自分の居場所で心が弾むような探究ができるはずです。**学ぶ楽しさが子どもたちの原動力になります。

そして、子どもに学びを楽しんでもらうには、**お父さんお母さん自身が学びを楽しみ、新たな世界にときめくような日々をおくることがとても大切です。**だから、この本で書かれている習慣を「子どものために」実行するのではなく、ぜひ親子両者のために実践してみてください。

本書に書かれていることを実行したからといって、明日から子どもの学びへの姿勢がガラリと変わるわけではないかもしれません。変化を感じるのは、1ヶ月、2ヶ月、ときには1年後かもしれない。もっというと、書かれたことを実行して本当によかったと思うのは、子どもが大人になってからかもしれません。

子育てで最も難しいことの一つに、「待つ」があります。目の前の子どもを信じて、待つこと。教育書に書かれていることをどんなに実践しても、この大前提の姿勢がなければ実を結びません。

この本には、子どもが興味関心の翼を広げるための実践法がたくさん書かれています。その取り組みとセットで、ぜひ「待つ」子育てをしてみてください。

本書の第1章は学びへの興味を育てる基本のアプローチを、第2章以降は国語、算数、社会、理科と各教科への関心を耕す具体的なメソッドをお届けします。最後の第6章では、中学受験を検討するときに知っておきたいことをお伝えしていきます。

また、本書の購入者限定特典（17ページ）としてついている、**SAPIX小学部卒業生の保護者アンケートによる「楽しみながら頭のいい子を育てるアイデア集」もぜひ参考にしてください。**あなたのお子さんに合った活動を見つけられるかもしれません。

最後に、この本に書かれていることはどれも子どもたちの学びへの関心を育む有効なアプローチです。しかし、「あれもやらなきゃ、これもやらなきゃ」とお父さんお母さんが躍起になって、眉間にシワを寄せていたら、それは逆効果。

どうぞゆったりした気持ちで、子どもとともに楽しみながら実践してください。

くれぐれも自分を追い詰めてはダメですよ。

この本が、子どもとの時間を豊かにするヒントになりますように。

2023年2月　佐藤　智

目次
Contents

第2章 国語ができる子になる習慣

第3章 算数ができる子になる習慣

第4章 社会ができる子になる習慣

第5章

理科ができる子になる習慣

第6章

中学受験との向き合い方

SAPIX式

そして、学び続けるエンジンになるのは、好奇心や興味関心、探究心です。「もっと知りたい」「これはどうなっているんだろう?」、そんな意欲や疑問が背中を押して、自らすすんで学ぶ子が育っていきます。

では、好奇心や興味関心、探究心を培うにはどうすればいいのでしょうか?

そもそも子どもたちは生まれながらにして、好奇心や興味関心、探究心をもっています。そして、それらは多様な体験から一層育まれていきます。遊びのなかで、家庭の会話で、お手伝いで、旅行やイベントごとで……。子どもを取り巻く、ありとあらゆる環境がそれらの力を養う機会になるのです。

本書は、**好奇心や興味関心、探究心を培い、頭のいい子を育てるためのメソッドを大手中学受験進学塾のSAPIX小学部にお聞きしました。**お話のなかで重要視されていたのは、日常の当たり前のなかにある学びのチャンスを拾い上げることです。

ＳＡＰＩＸ小学部では、これまでに10万人以上もの小学生に中学受験指導をしてきました。いわば小学生向けの学びのプロ集団です。そして、ＳＡＰＩＸは単なる詰め込み型の勉強ではなく、子どもの探究心を育む指導をその特徴としています。

本書の第6章でも紹介しますが、**実は現在の中学受験の勉強では、知識だけを詰め込むようなことは行われていません。**

検索すればすぐに情報がヒットする時代において、知識をたくさんもっているだけでは活躍できないからです。知識を組み合わせて考え抜いたり、表現したり、物事を判断したりすることが、これからの社会では求められます。

だから、この本は知識を効率的に身につけるのではなく、「学びに関心をもち、学び続けられる子＝頭のいい子」を育てるための土壌を耕す本として読み進めていただけるとうれしいです。

学びは楽しくなければ続かない

学びに関心をもち続ける子が、これからの時代に求められる「頭のいい子」だとお伝えしましたが、最初から学ぶことが好きな子は滅多にいないでしょう。

「学ぶことに興味がないみたい」

「『勉強しなさい』と言っても全然聞いてくれない」

こんなふうに悩む親は珍しくありません。子どもが自ら勉強に取り組まないことは、今も昔も、家庭における悩みの一つです。

では、なぜ子どもは学びに興味をもたないのでしょうか？

それは、楽しくなかったり苦手なイメージをもっていたりするからです。子どもは楽しいことであれば集中して何時間でも没頭できます。ゲームをし続けたり、YouTubeを見続けたり……。「まだやっているの⁉」と驚いたことは一度や二度ではないはずです。しかも、「そろそろやめたら？」と大人が止めてもやり続ける。その土台にあるのは、「楽しい」という感情です。

こうした子どもの特性から考えると、**すすんで学ぶ子になるために大事なことは、「学ぶことは楽しい」「勉強が得意」と思えるようになることです。**

「そんなこと簡単に言われても……」という声が聞こえてきそうですね。もしくは、「学ぶことが楽しいはずがない!」。そんなふうに思っている人もいるかもしれません。

お父さんやお母さんが学ぶことに対する思い込みや苦手意識をもっていると、子どもは勉強嫌いになりがちです。子どもは身近にいる大人にとても影響を受けますからね。

だから、本書では「子どもに○○しましょう」というメッセージだけでなく、お父さんお母さんの習慣を少しだけ変えることの大切さも伝えています。保護者の皆さんに「学ぶことは楽しいものだ」と心から思ってもらえることが、子どもの興味関心を培い、頭のいい子に育てる大切なアプローチなのです。

伝えました。そして、3つ目ではお父さんお母さんが子どもに対して「なんで？」と問いかけることが大事になるのです。

頭のいい子に育てるための飛び道具的な解決策はありません。こうした**コミュニケーションの習慣一つ一つが、子どもが学び続けるための土壌を耕していく**ことになるのです。

次のページからは、頭のいい子へ育っていくためには、家庭学習においてどのような接し方が重要なのか高宮さんと広野さんに説明していただきました。

家庭で取り入れやすいように、大事なポイントを具体的にピックアップして紹介しますので、ぜひ取り入れてみてください。

SAPIX式

家庭学習の習慣①

勉強の過程と結果、どちらを大事にする？

× 結果

○ 過程

子どもの言い訳をきちんと聞いて共感する

子どもにとって小さい成功体験はとても重要です。スモールステップで、「これができたじゃん！　じゃあ、次に進んでみよう」という**一段一段の階段を上がっていく過程（プロセス）が学びへのモチベーションになります。**

つまり、大事なことは「過程」。

結果だけをみて追い立てるようなことは絶対にＮＧです。

テスト結果で大事なことは、できたこととできなかったことを確認して、そこから学力を伸ばしていくためには何が必要かを一緒に見直していくことです。

間違えた部分に関しては、転記ミスがあったのかもしれませんし、計算ミスをしてしまったのかもしれません。できなかった理由は子どもなりにたくさんもっています。間違えてしまった原因を聞き取って、見直しにつなげましょう。

逆に、こうした言い訳に聞く耳をもたず、点数だけで一刀両断してしまっては、子どもは何も話さなくなりますし、前向きさも失われてしまいます。

過程を認めてあげるうえで大事なことは、子どもの話を聞いて「共感する」ことです。計算ミスをしていた場合、「惜しかったね。どこを間違えていたのか一緒に考えてみようか?」と声をかけます。

子どもが「計算ミスをした」と言っていても、どこでミスをしていたのか正確には気づいていない場合が少なくありません。親が寄り添っていくことで、改めて筆算をして、ミスに気がつくことができます。

また、字が汚くて筆算の縦の列がきちんと並んでいないから、違う桁の数字を足してしまって、うっかり間違えることもよくあります。その場合は、「大きくきれいに数字を書くことが大事なんだ」と学びます。

重要なことは自分で確認をして、今後ミスをしないように注意すること。子どももミスをしたくてしているわけではありません。どうすれば改善するのかを考えさせていく体験を大事にしましょう。

残念ながらSAPIX小学部でも、「結果だけよくしよう」とする子に遭遇することがあります。子どもたちに悪気があるわけではなく、保護者の価値観が投影されているのだろうと感じます。

こうした**「結果偏重」になると、「点数さえ取ればいい」と考えて、カンニングなどの問題行動につながるケースもあります。**子どもの倫理感がゆがんでしまう前に、早急に家庭での接し方を見直すことが大切です。

Check!

▼ **スモールステップで子どもを褒める**

▼ **結果偏重は子どもの問題行動につながることも**

SAPIX式

家庭学習の習慣②

子どもに問題を教えたあとにかける言葉は？

×

「これでわかったよね？」

〇

「わからなかったら、また聞いてね」

「わからない」が言える雰囲気づくりを心がける

家庭学習をしているなかで、お父さんお母さんが子どもに問題の解き方を教えることがあるでしょう。何回も教えていることだったり、ほかにもやらなければいけない家事があったりすると、つい「わかったよね？」と念押しして話を終わらせてしまうことがあるかもしれません。

少しでも親の言葉から「圧」を感じると、子どもは「うん」としか返事ができなくなります。「わかったよね？」に対して**「わからない」と言ったら、「なんでわからないの⁉」と返されるのが目にみえているからです。**

「わかったよね？」という保護者からの言葉は、保護者にそのつもりがなかったとしても、コミュニケーションを切ることにつながります。本当はわかっていないことも、子どもは「わかった」としか言えない雰囲気になってしまうのですから。

大事なことは、どうやったら「わからない」が言える雰囲気をつくれるかということです。

「わかったよね？」ではなく、**たとえば「じゃあ、説明できるようになったかな？」とうながしてみると、子どもが本当に理解できているかがみえてきます。**

「わからなかったら、また聞いてね」でもいいですね。100％の理解ができていなかったとしても、また聞ける環境さえ整っていれば、子どもは再度確認してきます。

ときには、「おおまかにわかっていればＯＫ」といったスタンスで接していくことも必要だと思っておきましょう。

Check!

- ▼**子どもが何度も親に質問できる環境を整える**
- ▼**「おおまかに理解していればＯＫ」の姿勢で子どもに接する**

SAPIX式 家庭学習の習慣③

教えたそばから忘れる子どもにイライラしたら？

×
「自分の子ども時代はもっとできていた」と説教する

○
子どもはすぐに忘れるものと思って接する

忘れること前提で何度も繰り返せばOK

子どもは忘れる生き物です。びっくりするくらい忘れます。そして大人になると、こんなにも子どもの頃に忘れていたこと自体を忘れてしまうんですよね。だから、親としては「昨日言ったばかりでしょう！」「もう何回も言っているじゃないの！」とイライラしてしまいます。

でも、「子どもは忘れる生き物なのだ」と思っていれば、少しだけ気持ちがラクになりませんか？

どんどん忘れていくことを念頭に置いて、根気よく、繰り返し学んでいくことが大切です。**SAPIXのカリキュラムも子どもが忘れることを前提としてつくられています。だから、何回も何回も何回も同じ内容がでてきます。**

覚えておいてほしい漢字や知識について、「絶対に忘れないようにね」と子どもに念押ししてもあまり意味がないでしょう。

それよりも、忘れていたら「また覚えよう」と前向きな声をかけていきましょう。忘れたことに一喜一憂するよりも、次は覚えていられるように、もう１回丁寧に繰り返していく。これが大事なポイントです。

イライラしないもう一つの方法として、お父さんお母さんが何かまったく新しい学びをスタートしてみるのもいいかもしれません。案外、１週間前に習ったことも覚えていないものです。

リアルタイムに自分が忘れてしまうような体験をしていれば、「なかなか覚えていられないものだよね」とおおらかな気持ちになれるかもしれません。

Check!

▼**子どもは忘れる生き物。「また覚えよう」と前向きな声をかけて根気よく繰り返す**

SAPIX式 家庭学習の習慣④

板書をノートに取ることは必要？

×

今どき板書をノートに取るのは非効率。子どもにすすめない

○

実は板書をノートに取るのは頭を使う作業。子どもにすすめる

ノートを取ることは頭の整理に役立つ

授業中に板書や先生の話をノートに取ることは、「思考を整理して書く」というアウトプットの基本トレーニングになります。

しかし、時間もかかるし面倒くさいので「書くこと」を嫌う子どもは多いです。人間はどうしてもラクな方向に流れていくものだから、仕方ないのかもしれません。

授業時間の節約のために最近では、学校や塾でも穴埋めプリントで板書の代用をすることも多いようです。

ただ、メモを取らない子は、その場ではわかったつもりでも、結局記憶に残っていないケースがほとんどです。

ノートは頭が整理されていないと上手に取ることができません。ノートを取るのに時間がかかる子の多くは、その内容を理解しておらず、一字ずつ書き写しています。

つまり、うまくノートを取ることと内容の理解度はリンクしていることがほとんどです。

ただ機械的に写し取るだけではなくて、理解できていることなら一部を省略して書いてもいいでしょうし、逆に先生が「ここは書かなくてもいいよ」と言ったことでも、「大事だな」「おもしろいから書いておこう」とノートを取れる子はどんどん伸びていきます。

「書くこと」でアウトプットする方法は、文字情報だけとは限りません。理科では植物や昆虫を観察した絵を描かせることがあります。見たものすべてをノートに写し切ることはできませんから、**「どこに特徴があるのか」「何を注視すべきなのか」をつかんだうえで抽象化して描いていく力をつけるのが、この理科の観察の目的です。**

パソコンやタブレットなどを使った学習も広がっていますし、「書く」以外の学びの選択肢は増えています。

それらももちろん効果的ではありますが、「書くこと」を疎かにするとアウトプット能力が磨かれないという懸念もあります。今も昔も板書をノートに取ることは、子どもたちにとって大切な学びなのです。

Check!

▼ノートに書くことで、要点をつかんで表現する力の育成につながる

SAPIX式

家庭学習の習慣⑤

子どもの「得意」と「苦手」どちらに目を向ける？

×「苦手」に目を向ける

○「得意」に目を向ける

得意なことが、子どもの自信を育む

子どもが得意だと思っている教科は、絶対に認めてあげましょう。

ときには、「子どもは得意だって言うけれど、別に成績がいいわけではないんだよね」と親としては褒めにくいこともあるでしょう。たとえば４教科の平均偏差値が40弱で、ある教科だけ偏差値45だったときに「これで得意と言っていいのだろうか？」と思うかもしれませんよね。

でも、**子ども自身が「得意だ」と思っていたら、決して否定してはいけません。**

これは教科の学びだけの話ではありません。子どもは一つでも得意だと思っているものがあると救われます。その得意なことをしているときに、ホッとできたり自信をもてたりするからです。

勉強が苦手でも、サッカーが得意だったり、リコーダーを吹かせたら一番うまかったり。鬼ごっこで絶対に捕まらないという特技でもいいでしょう。「これならばできるぞ」と思うものが一つでもあれば、それが子どものよりどころになります。

ご家庭では子どもの「得意」を否定せず、一緒に見つけて、褒めてあげられるといいでしょう。得意なことに没頭できる時間を十分に設けてあげることは、子どもが安心する大事なポイントなのです。

一方で、「あなたは勉強が苦手だからね」「算数は本当にできないね」と伝えてしまうと、子どもはその言葉を鵜呑みにして、苦手意識をもってしまう可能性が高まります。また、**苦手教科の勉強ばかりに注力すると、その教科が嫌いになってしまう危険性もあります。**

Check!

▼得意なことを褒めて子どもの支えにする

▼得意なことに没頭する時間をつくる

▼苦手克服に注力しすぎない

SAPIX式

家庭学習の習慣⑥

子どもが集中していないとき、どう伝える？

×

自分（保護者）はスマホを見ながら「集中しなさい」と伝える

○

子どもが集中できる環境を整えてから「集中しなさい」と伝える

親が集中している姿を子どもにみせる

子どもの集中力は短いものです。さらにいうならば、大人だってずっと集中していられる人はほとんどいません。仕事をしていても、あちらこちらに意識がいってしまって困っている人も多いでしょう。

まずは、こうした人間の前提を踏まえておくことが大切です。

そのうえで、子どもへ「集中しなさい」と伝えるときは、果たして集中できるような環境にあるかを確認してください。

子どもには「勉強に集中しなさい」と言っているのに、保護者がテレビを観ているようなことはありませんか？　あるいは、**保護者がスマホでゲームをしていたら、子どもはそちらが気になります。**

さらに可能であれば、お父さんお母さん自身も何かに集中している姿を子どもにみせましょう。子どもが勉強をしていたら、その横で資格の勉強をしたり読書をしたりするのです。

ときどき「宿題たくさんあるね。お母さんも今日は資格の勉強をこのページまで進めようと思っているの。一緒にがんばろうね」と**子どもの取り組みを肯定していくのもおすすめ**です。

Check!

- ▼**保護者自身がテレビやスマホをみるのをやめて、子どもが集中できるようにする**
- ▼**保護者も一緒に資格の勉強や読書をして、親子で集中タイムをつくる**

第2章

国語

ができる子になる

習慣

「国語」は、全教科の基礎だからこそ「キライ」にさせない

この章から、教科別に自ら学べる子になっていくために家庭でできる具体的な方法をお伝えしていきます。

まずは、あらゆる教科の土台といわれる「国語」からみていきましょう。

文章の意味がわからなければ、教科書を理解することも問題文を読み取ることもできません。文章を理解することや、文章で自分の考えを表現することは、すべての教科で共通して求められる力です。

さらにいえば、第二言語が母語の力、すなわち国語力を超えることはありません。**英語などほかの言語を習得する際も、日本語の力がなければ必ず伸び悩んでしまう時期がきます。**

では、あらゆる勉強の基礎となる国語は、どう学べばいいのでしょうか。また、子どもが国語に苦手意識を抱かないようにするために家庭でできることや、国語を学ぶことで得られる力とはどんなものでしょうか……？　これらの疑問を、SAPIX小学部で国語を担当している国定栄太先生にお聞きしました。

国定先生が一番大切にしていることは、「勉強を嫌いにさせない」という大前提です。一度嫌いになってしまうと、自ら学びたいと思うようになるまでリカバリーすることに大変な労力が必要になるからです。もちろん、一旦嫌いになったとしても、それが転じて好きになる可能性はゼロではないですが、できることならマイナスの状態からのスタートは避けたいものですよね。

子どもは楽しければ、自然と興味をもちます。だからこそ、「好き！」「おもしろい！」と感じながら、国語に触れていくことが大事なのです。

これからご紹介する【国語ができる子になる習慣】は、ぜひ遊びやゲームのような感覚で実践してみてください。

文章題と漢字学習とでは求められていることが違う

国語の成績を上げるために必要な力を大きく分類すると、文章を読んで答える読解力と漢字などの知識力です。「国語」と一言でくくっても、文章の読解なのか、漢字などの知識をつけたいのかで、求められる学習方法が異なります。

読解力は字面の通り「読」んで「解」く力なので、読む力と解く力の両方が必要です。ちなみに、低学年のうちは、読めれば解ける問題がほとんどなので解く力はそこまで意識しなくても大丈夫です。

国語を取り上げるこの章は、**読解力と漢字などの知識力をつけるための2つの学び方がある**ことを意識して読み進めてください。

いい親子関係が国語力を育てる

【国語ができる子になる習慣】を紹介していく前に、子どもへの関わり方として大事なポイントを2つ知っておきましょう。

ポイント①　子どもと同じ目線で話す

「お父さんやお母さんなど親の立場が上で、子どもが下」という接し方をしていると、勉強に対して「押しつけられてやるもの」「本当はやりたくないのにやらなければいけないもの」という意識を子どもがもつようになってしまいます。

たとえば、正解することを過度に求めたり、「ここまでできないとダメでしょう」と到達度を設定して叱ったりしていないでしょうか?

このような接し方を続けていると、子どもは勉強に対しての主体性や「国語が好き」という気持ちを失ってしまいます。

大事なことは「この本読みなさい」ではなく、「この本、おもしろかったから読んでみたら?」「お母さんは、この本にハマったんだよねー」と同じ目線で話をすることです。

同じ目線に立つと、子どもが「できないこと」ではなく、「できること」に親の目が向くようになっていきます。すると、「ああ、この子すごいな」と子どものポジティブな面を感じることができ、自然と褒める言葉がでてきます。これは勉強だけでなく、親子関係においてもとってもプラスですよね。

ポイント② コミュニケーションの量を増やす

いうまでもなく、国語は「言葉の教科」です。言葉を覚えていくうえで最も大事なことは、コミュニケーションを増やすことです。親子の会話だけでなく、大人同士の会話の多い家庭のほうが、子どもの語彙力や表現力は高まります。

数十年前までは、子・親・祖父母・叔父叔母などさまざまな世代が、ひとつ屋根の下で暮らしていました。大家族のなかでは、さまざまな関係性や役割があり、多様な言葉遣いを耳にしたはずです。

たとえば、母親が義理の母（子どもにとっての祖母）と敬語で話しているのを聞いて、敬語の使い方を自然と学ぶような機会もあったはずです。こうした環境では、わざわざ勉強しなくても、なんとなく敬語を使える子に育ちました。

一方、現代では核家族化が進んでいます。共働きの家庭も多いでしょうから、帰宅しても夫婦2人ともクタクタで会話を交わす暇もないまま就寝する日が多いかもしれません。だからこそ、**意識的に会話の機会を設けていくことが大事です。**

ニュースの話題でも、趣味の話でもなんでもいいのです。子どもがいる場所で大人同士も会話をする。そんな場面を増やしていってください。

子どもを積極的にさまざまなコミュニケーションの輪のなかに入れることも有効です。地域の活動やボランティアなど、**異年齢の人と話をする機会を設ける**ことで、これまで知ることのなかった語彙や表現の仕方などを自然に学べます。

このような子どもとの接し方を踏まえながら、70ページからは家庭で実践できる国語力の育て方について、OK事例とNG事例を交えて紹介していきます。

国語を学ぶことで育つ力

国語ができるということは、
単に国語のテストが解けるようになる
だけではありません。
国語の勉強を通じて培われる、
大人になっても重要な能力や資質などを
詳しく説明します。

☆能力1
論理的思考力と表現力

国語の学びは、論理的な思考力と表現力を培い、社会で活躍するための土台となる「他者にきちんと伝わる文章を書く力」を育みます。

相手にきちんと趣旨を伝えるには、文法のルールや文章の構造などを学ぶことが不可欠です。

また、こうした力は、理科の実験結果を分析したり、社会の資料を正確に読み解いたりすることにもつながります。

目の前に表れている事象に対して、その理由を論理的に考察することは、あらゆる教科で求められる力です。国語がすべての教科の基礎といわれる理由が、ここにあります。

能力2

他者を理解する想像力

国語は想像力を育む教科です。なかでも、他者に対する想像力を培うことができます。国語ができる子は、文章を読んで、自分ではない他者の気持ちに寄り添えます。また、同じような状況に置かれても異なる考えをもつ人がいるのだ、ということも理解できます。**この多様性の時代に、他者への想像力をもつことは、とても大切です。**

子どもに対して「相手の立場になって考えられる人になってほしい」と思うことも多いでしょう。

国語を学ぶことで、他者へ配慮し、多様な人々の心へ思いを馳せる優しさと強さを身につけることができます。

能力3 教科の枠にとらわれない興味関心

国語の読解問題で出題される文章は、世界のあらゆる事象を取り上げています。バッタやカマキリの生態について書いた自然科学分野の文章や、社会の歴史に関する文章、現在の国際情勢を説明する文章などがあります。**教科の枠にとらわれず、世界のあらゆることについて知ることができるのは国語の魅力**です。

さまざまな文章に触れることで、子どもたちは今まで知ることのなかったワクワクに出会うことができます。実際、SAPIX小学部の卒業生にも、国語の課題文を読んで自身の興味を広げた子がいました。

国語は多様な知見に触れて、子どもの興味の幅や可能性を広げてくれます。

SAPIX式

国語ができる子になる習慣 ①

子どもの読書量を増やすには？

×

子どもに読ませたい本を買ってくる

○

親が読書している姿をみせる

子どもが「本は楽しいものだ」と思える工夫を

「子どもに読書をしてもらいたいです……」と、保護者からご相談を受けることがあります。しかし、よくよく話を聞いてみると、お父さんもお母さんも読書をする習慣がないというのです。**子どもは親の姿をみて育ちますから、「読書をさせたい」と思ったら、まず親が本を読むことが大切です。**

その際には、必ずしも難しい本を読む必要はありません。自分の趣味の本でもいいですし、雑誌でもいいのです。興味に合わせて開いていれば、子どもが本を身近に感じて「本は楽しいものだ」と思うようになります。

ほかにも日常的に読み聞かせをしている家庭の子どもは、自然と本に向き合うようになっていきます。文字が読めない年齢の子でも、絵を見てニコニコするなど、自分なりの本の楽しみ方を見つけます。

子どもが字を読めるようになると、「自分で読めるでしょ」と読み聞かせをやめてしまう保護者が多いのではないでしょうか。しかし、**小学校に上がったからといって、必ずしも読み聞かせを卒業する必要はありません。**

読書のハードルは最初の部分。序盤が読みこなせずに断念してしまうことが多いので、最初の10分の1や8分の1くらいを「一緒に読んでみよう」と大人が読んであげる方法はおすすめです。

とくに小説や物語は人物設定が理解できず、何が起こっているのかがわからないために挫折してしまう子が多いのです。子どもがある程度設定を理解したり、夢中になったりしたら、「ここから先は、自分で読んでごらん」と子どもにまかせましょう。

さらに国語力を上げるには、「あとで、どんな話だったか教えてね」と声をかけておき、読み終えたら、「主人公の○○は何をしたの？」「どんなことを思った？」など子どもにインタビューをしてみることです。

尋ねるからには、保護者もその本の内容をきちんと理解していなければいけません。忙しいと思いますが、お父さんお母さんが子どもと同じ本を読むことで、一緒に話をしながら楽しむことができます。

また、「読む」機会だけでなく、本を「選ぶ」機会も大事にしてください。図書館や書店で、自分で好きな本を選ぶという体験は、子どもの興味関心が育つ、とても意味のあることです。保護者が選んだ本ではなく、子ども自身が選んだ本に対しては読む動機も働きやすいものです。

子どもの読む本が、なにも名作文学などである必要はありません。

鉄道が好きな子は鉄道図鑑でもいいですし、漫画が好きな子は漫画でもいい。たしかにこれらの本では、文章からイメージを立ち上げるような力にはつながりにくいかもしれません。

しかし、読書に親しんだり本のなかに入り込んで間接体験を積んだりすることはできます。また、多少偏りはあるでしょうが語彙も増えていきます。

子どもが読みたくない本を押しつけるよりも、ずっと本に親しむきっかけになるでしょう。ご家庭では、本を「読む」「選ぶ」を充実させ、読書に親しむ環境づくりに注力してみてください。

Check!

- ▼**保護者が読書をする習慣をもつ**
- ▼**本の導入部分だけ、読み聞かせをする**
- ▼**図書館や書店で子どもが本を選ぶ機会をつくる**

SAPIX式

国語ができる子になる習慣②

読解が苦手な子にどうアドバイスする？

△ 文章の音読をすすめる

○ 文章に印をつけて読むことをすすめる

文章の内容について子どもにクイズをだす

「この子、文字は読めているけれど内容はよくわかっていないみたい……」。そんなふうに感じたことはありませんか？

読解が苦手な子の特徴として、「文字を単なる文字としてしか認識していない」という課題が挙げられます。「たのしいうんどうかい」と書いてあったら、「た」「の」「し」「い」「う」「ん」「ど」「う」「か」「い」と一つ一つの文字を認知するだけで、意味のある言葉の塊として読むことができていないのです。

文字を追いかけることはできるけれど、意味は理解できていない。そのため、何も頭に残らず流れてしまいます。

このタイプの子は、いくら文字を追っても意味がわからないので、おもしろさを実感できず、「国語はつまらないものだ」と思ってしまいがちです。

加えて、「こう書いてあるじゃないの」「きちんと読みなさい」などと注意されることで、「自分はちゃんと読んでいるのに……」という思いを抱き、国語への苦手意識を深めてしまうこともあります。

ここで大事なことは、「意味がわかるように読む方法」を教えていくことです。

文章が読めない子には、その訓練として音読をさせようとするケースがありますが、実のところそれはあまり意味がありません。音読は、子どもの読めない言葉や突っかかりをとらえて、正確な言葉を教えて語彙力を向上させる利点があります。しかし、文章の内容が頭に入りづらいので読解力をつけるには不向きな勉強法です。

繰り返しになりますが、読解が苦手な子に必要なことは、文字を意味の塊としてとらえることです。

文字を意味の塊としてとらえるのに重要なアプローチは、文章を読んだ際にイメージを立ち上げることです。具体的に「誰と誰がどこにいて、今何をしているのか」といったシーンを考えるようにします。

たとえば、物語を短く切って、クイズふうに「今読んだところでは何が起こっていたでしょう?」「なんで太郎くんは怒ったのかな?」など質問を挟んでいきましょう。

そうすると、子どもは一旦立ち止まって「あ、なんでだろう?」と頭のなかで想像するようになります。

もし答えに困っていたら、『「うんどうかい」って書いてあるね」と文字の塊(言葉)を示しながら、文章の読解を深めていけるといいですね。

このやりとりを繰り返していくことで、「この場面で起こっていることは、こういうことなんだ」と文字と意味とが結びついて、頭のなかでイメージできるようになります。

さらに、読み方をルール化することもコツの一つです。英語を学び始めたときのことを思い出してみてください。S(主語)、V(述語)、O(目的語)などそれぞれマーカーを引いて色分けして勉強しませんでしたか? それと同じことを、国語の勉強でも行います。

小学生に主語や述語という言葉を使っても理解が難しいので、主語を「誰（なに）が」、述語を「どう（なにを）する」と言い換えて、チェックをうながしてみましょう。たとえば、「誰が泣いているんだろう？　マルをしてみようか」「太郎くんはなにをしたんだろうね？　赤線を引いてみよう」と寄り添います。

SAPIX小学部では4年生以降になると、「人物がでてきたら印をつけておく」「気持ちが表れている部分には線を引いておく」と文章の読み方をルール化しています。

こうした読み方を習慣化することで、複雑な文章でも読解しやすくなります。このルール化は、読み取りが苦手な子にとても有効です。

文章にチェックをつけるよう声をかけながら、読み進めていけるといいでしょう。

Check!

▼文章の内容について質問をしながら読み進める

▼主語や述語、登場人物の気持ちなどに印をつけながら読む

SAPIX式

国語ができる子になる習慣③

子どもにわからない言葉の意味を聞かれたら？

×

すぐに辞書を引いて言葉の意味を調べるように伝える

○

わからない言葉の意味を類推するように伝える

知らない言葉は一度立ち止まって意味を考える

語彙を増やす方法としてよくすすめられるのが、「読書」ではないでしょうか。自分で積極的に読書をする子は語彙が豊富になっていく傾向があるので、相関関係はあるはずです。

ただ、読書が好きだから国語が得意なのか、国語が得意だから読書が好きなのかというと、どちらともいえません。ニワトリが先かタマゴが先かといった議論になってしまいます。

大事なことは単に「読書をすればいい」のではなく、読書をするために必要な能力と国語の問題を解くために必要な能力が重なることを認識して、その重なる能力を高めるアプローチを行っていくことです。

では、読書を通して、語彙が豊かになっていくのはどういったメカニズムなのでしょう？

少しだけレベルの高い本を読んでいると、わからない言葉に遭遇するものです。子どもに「この言葉の意味を教えて」と聞かれることもあるでしょう。このとき、読書によって語彙を増やしていく子は、わからない言葉に対して「こういう意味なんだろうな」と類推しながら読み進めていきます。

そして、何回か同じわからない言葉に触れていくうちに、知識として蓄積されて、自分のものとして使える言葉になっていくのです。

読書が苦手だったり嫌いだったりする子は、この類推がうまくできません。わからない言葉を見つけたときのアプローチ法がわからないのです。

類推ができる子とできにくい子の差は、わからない言葉にどう対処したかという「経験値」にあります。「前後の文章から想像すれば意味をつかめる」という成功体験を積むことが大事なのです。一方で、**わからない言葉に遭遇して、意味がわからないままに放置することを続けると、類推する力は上がりません。**

「わからない言葉がでてきたら、すぐに辞書を引きなさい」と指導する人もいますが、その前に一旦想像する経験を挟むことが大切です。

想像したあとに、辞書を引いて、「あ、当たった」と答え合わせをします。一度立ち止まって考えることで、わからなかった言葉の印象が強くなり、記憶が定着しやすくなります。そして、言葉の意味を想像する経験を重ねることで、類推する力もつけていくことができるのです。

子どもに言葉の意味を聞かれた際は、すぐに教えないで言葉の意味を考えるようにうながしましょう。

さらに、言葉の意味を類推できないもう一つの要因として、「わからない言葉が多すぎる」というケースがあります。一つの文章に3つ、4つと理解できない言葉がでてきてしまうと、お手上げ状態になってしまいます。

たとえば、英語の文章を読んでいるシーンを想像してみてください。文章中に一つだけ知らない単語があっても、前後の文脈で意味を想像することができます。しかし、一つの文章に知らない単語が複数あると、どんどん意味の類推が難しくなります。そうなると、読んでいてもちっとも意味がわからず、おもしろくないという状態になりますよね。

このように、**「わからない単語が複数ある」場合には、「読めるレベルの文章に戻る」のも一案**です。たとえば、4年生の子が2年生向けの本を読んでいても問題はありません。むしろ、わからないまま進むほうが問題ですし、無理に4年生向けの本を読もうとすれば「読書はつまらない」というイメージを植えつけてしまいかねません。

焦らなくても大丈夫。一つ一つ積み上げていきましょう。

Check!

- **わからない言葉の意味を想像してから辞書で調べると、記憶が定着しやすくなる**
- **子どもに合ったレベルの読書からスタートする**

SAPIX式

国語ができる子になる習慣 ④

物語文の心情が理解できているか不安なときは？

×

とにかくたくさんの物語文を読ませる

○

文章に抑揚をつけて音読するように伝える

音読で物語文の理解が深まり、読むことが楽しくなる

【国語ができる子になる習慣②】（75ページ）では、音読は読解力をつけるには不向きな勉強法とお伝えしました。しかし、小学校では授業のなかで音読を行っていますし、「音読○回」といった宿題をもち帰ることも多いでしょう。それは、音読が物語文の登場人物の心情を理解することに役立つからです。

物語文のなかで、「主人公はどう思ったのでしょう？」といった心情を読み取る問題が苦手な子には、音読することで登場人物の思いや感情を理解できているか確認することをおすすめします。**登場人物の感情をくみ取れていない子は、音読しているときに棒読みになる**ことが多いからです。

抑揚をつけて音読すると、登場人物の心情を子どもがどのぐらい理解しているかがわかります。たとえば、「やった！」と飛び跳ねるように喜んだのか、「やった……」

と噛み締めるように喜んだのかでは異なりますよね。

また、心情の理解度がわかるだけでなく、心情の違いを子ども自身が実感できる効果が音読にはあるのです。登場人物の心情を追体験できると、物語文への理解度が深まり、文章を読むことが楽しくなっていきます。

もし子どもが文章を読みながらつっかえている、あるいはアクセントや抑揚のつけ方に違和感があった場合には、登場人物の心情が理解できていないかもしれません。少し止めて声をかけてみましょう。

たとえば、「太郎くんはこのとき、どう思ったんだと思う?」「『うれしかった』って書いてあるけれど、ジャンプするほどうれしかったのかな? それとも、じんわりうれしかったのかな?」など、問いかけてみます。

すると子どもは、「自分だったらどんなふうに思うかな?」「そういえば、この前の文章にはこんなことが書かれているな」と体験や知識、情報を集めて、登場人物の心情を考えるようになります。

物語にでてくる登場人物の気持ちをきちんと理解できていないと、「登場人物の気持ちに当てはまるものを選びなさい」といった問題に対してイメージを膨らますことができません。

この心情の読み取りは、スッとできる子もいれば、苦手な子もいます。

「なんでわかんないの！」と叱ったところで、読み取れるようにはなりません。**そもそも音読が嫌いになってしまったら、伸びしろをつぶしてしまうことにつながる可能性もあります。**焦る必要はないので、ゆったりとした気持ちで音読を聞いてあげてください。

また、子どもの音読を聞くときに知っておいてほしいことは、初見の文章をいきなり音読することは、かなりレベルが高い作業だということです。小学校で宿題としてだされるのは、「授業で一度読んだものを家で音読してきましょう」といったケースがほとんどです。

もしご家庭で音読する文章を用意する場合には、これまで読んだ文章のなかから選ぶとよいでしょう。

Check!

▼**音読するときに抑揚がついていない場合は、登場人物の心情について考える時間をつくる**

SAPIX式 国語ができる子になる習慣⑤

なかなか漢字が覚えられないときは？

△ 漢字は一度に5～10回書いて覚える

○ 漢字は3回ずつ3日に分けて書いて覚える

一度覚えただけでは、記憶は定着しない

知識を覚える学習で大事なことは、低学年のうちは「書く」ことです。国語においては、ひらがなやカタカナ、漢字がそれに当たります。

ひらがな、カタカナ、漢字は、ノートに書いて覚えるのが王道の勉強法です。「私たちの時代から進化していないのね」と思う保護者も多いかもしれませんが、おっしゃる通り、人間の脳は簡単に変わりません。パッと見たら覚えられる特殊な力をもった人は別として、新しい物事を覚えるときには書くことを大切にしましょう。

とくに低学年のうちは、書いて覚えることが一番効率のいい方法です。

ひらがなでもカタカナでも漢字でも、形をなぞりながら書くことで、覚えることができます。ただ、同じ漢字を一度に5～10回書くよりは、3日に分けて3回ずつ書くほうが効果的です。

突然ですが、「エビングハウスの忘却曲線」をご存じでしょうか。ドイツの心理学者

であるヘルマン・エビングハウスが提唱した、記憶と時間の関係を表した有名なグラフです。これは端的にいうと、人の記憶は一度覚えただけでは定着しないということを論じています。効率的に覚えるためには、1週間以内に適度な復習を何回か繰り返すことで、長期記憶へシフトすることが可能になります。

そのため、漢字の勉強でも一度にたくさん書いて覚えるよりも、日をずらして少しずつ書いていくほうがおすすめです。たとえば、同じ漢字を3回ずつ3日に分けて書いていく方法が考えられます。

また、ご家庭によっては、漢字が一覧になっているポスターをトイレなどに貼っているケースがあるかもしれません。もちろん、ポスター自体はマイナスになりませんが、低学年ではそれを見て正確に覚えることは難しいでしょう。

ある程度学年が上がっていくと、漢字の形のパターンをつかめるようになる子が一定数でてきます。そういった子は、新しい漢字がでてきたとしても、見るだけで覚えられるようになります。

たとえば、「人偏に動くで『働く』」と組み合わせで理解することができるのです。このような成長を感じることができれば、漢字の一覧ポスターを貼ることも、覚えるために有効な方法といえるでしょう。

家庭において大切なことは、子どもの成長によって勉強の仕方が変わっていく可能性があることを理解しておくことです。

高学年になっても低学年の勉強スタイルを引きずって「書かなければ覚えられないでしょ！」と注意することはＮＧです。 子どもの発達段階に合わせて勉強法を変えていく柔軟性を大切にしてください。

Check!

- **低学年は日をずらして少しずつ書いて覚える**
- **成長段階に合わせて、勉強法を柔軟に変える**

SAPIX式 国語ができる子になる習慣⑥

作文が苦手な子にどうアドバイスする？

×
思ったまま書くように伝える

○
「どんなことを書くか、まずは話を聞かせて」と伝える

最初はエピソードトークの練習をしてみよう

小学校でよく作文の課題がでますよね。とくに夏休みには作文の宿題がでて困っている保護者がいるのではないでしょうか。

私たちも、「うちの子、なんで長い文章が書けないのかしら？」「作文が嫌いと言っているけれど大丈夫かしら？」と思っているお父さんお母さんから相談されることがあります。

作文は、自分の経験や自分の考えを表現する力が必要です。

これは書いてある内容を正確に読み取る「読解力」とは、また別の能力です。

そして、作文を書けない子は、「エピソードトークが苦手な子」でもあります。何があったか話せないけれど、書くことはできるというケースはほとんどありません。

そのため、**作文を書くために必要なことは、「何があったのか」「どんなことを思ったのか」について、まず子どもの話を聞いてみることです。**

子どもが作文に書こうと思っていることを話しているときに、**親がインタビュアーになって、「そのとき、どう思ったの?」「そのあと、どうしたの?」など、質問を挟みます。**聞かれることで、子どもは思い起こしたり情報を整理したりしていきます。聞き手がいることで、内容が膨らんでいくのです。その膨らんだ内容を文章にすれば、作文になっていきます。

本来は自分の考えを自力で整理して、文章に表現していきます。それが自然にできる子もいれば、苦手な子もいるのです。苦手な子には、話を聞きながら、一緒に内容をまとめていくサポートをしてあげましょう。

ほかにも、「作文の語尾がほとんど『〜しました』『〜して楽しかったです』ばかりになっているんです」という相談も保護者から受けます。

これは、語彙力の問題です。端的にいうと、語彙が足りないから同じ表現になってしまうのです。

大人もそうですが、自分が理解できる語彙と自分が使える語彙には差があります。使える語彙は理解している語彙の3分の1〜4分の1ぐらいだといわれます。意味を知っているだけでは、適切に使うことはできません。

語彙を増やすには、まず言葉をたくさん知ることが第1ステップです。

その次に、いろいろな使い方ができることを知っておくといいでしょう。**親が「そのときどう思ったの？」と尋ねる機会を増やすことで、知っている言葉を表現する機会を意識的に増やすことができます。**すると、「楽しい・うれしい・悲しい」以外の表現もでてくるようになります。

ただ、SAPIXに通う3・4年生でも、「楽しい」や「悲しい」という表現しかでてこない子もいます。1・2年生の作文でいえば、なおのことでしょう。

使える言葉が増えていくのには時間がかかるもの。焦りすぎず、親子の会話を増やして表現力を身につけていきましょう。

Check!

▼作文を書く前に子どもへインタビューをして考えをまとめる

▼親子のコミュニケーションを増やして、子どもが表現する機会をたくさん設ける

SAPIX式

国語ができる子になる習慣⑦

自分の考えを表現できるようになるには？

△

テストの点数が悪かったら、「次はがんばろう」と励ます

○

テストの点数が悪くても、できたところを褒める

叱られて育った子は、あと伸びしない

国語の勉強だけでなく、学習全般でいえることですが、保護者の理想を押しつけるとうまくいきません。「ここまでがんばらなくちゃ」「これをやらなくてはダメ」という思考にはまってしまうと、子どもにとって「自分がやりたいこと」ではなくなり、勉強自体に気持ちが向かなくなります。

テストでいい点数が取れなくてもいいのです。最初から頭のいい子は、ほとんどいません。だから、**少しでも「できること」があれば、「すごい！」とお父さんお母さんにぜひ褒めてもらいたいのです。**

第1章の【家庭学習の習慣①】（38ページ）でも紹介していますが、ポイントはスモールステップで褒めていくことです。

たとえば、100点満点のテストで30点しか取れなかった場合には、どんな声をか

けていますか？　また、前回のテストが45点で、今回60点だったら、何を伝えていますか？

いずれの場合も、テストの点数の結果について言及するよりも、もっと子ども自身のがんばりをみてあげるようにしましょう。

たとえば、「漢字の問題は全部できていたじゃない」「記号の選択問題が前よりもしっかり選べるようになったね」という具体的な褒め方がおすすめです。この積み重ねで、子どもは「次はもっとがんばってみよう」と思えます。

そもそも100点満点のテストで30点しか取れなかったことを責めても、子どもはできるようになりません。「自分は勉強ができないんだな」「怒られるからやりたくないな」という気持ちしか残らないのです。

大事なことは、前向きな気持ちで、「次はこうしてみよう」と思えるようになること。**責めたり叱ったりすることでは、学びへの積極性は生まれません。**

もし、叱ることで勉強するようになったと感じるのであれば、「次は叱られないようにがんばろう」という消極的な気持ちからくるものです。

叱られないように勉強している場合でも、ある程度のレベルにまで達する子もいるかもしれません。しかし、学ぶことが「楽しい」という気持ちが根元にないため、のちのち伸びていくことができないでしょう。

さらに、**叱られて育った子は「間違えるのが怖い」と考える特徴があります。**このタイプの子は、自由記述問題に取り組む際に「間違えるのが嫌だから書かない」という選択をしてしまいがちです。

とくに国語では、「自分の思ったことをまず書いてみよう」「気持ちを表現してみよう」といった姿勢で、失敗を恐れずに取り組んでみることが大事なのですが、間違えるのが怖い子はこのような向き合い方ができなくなってしまいます。

怖がらずに、自分の考えを表現できる子に育てるには、その子自身をしっかりみつめながらスモールステップで褒めることが重要です。

親の理想を押しつけるのではなく、子どもの伸びをみていけるといいですね。

Check!

▼ **子ども自身のがんばりを認めて褒める！**

▼ **「次はこうしよう」と前向きな提案をする**

SAPIX式

国語ができる子になる習慣 ⑧

国語が得意な子への接し方は？

×

ほかの教科の勉強をすすめる

○

大人と同じレベルの本をすすめる

国語の学びをやめると、他教科の伸びが止まる可能性も

国語が得意な子への接し方は、基本的に余計なことをしないことです。

「余計なこと」とは、読書が好きな子に対して、「読書はやめて、勉強しなさい！」と止めてしまうといったことです。

前述しているように、国語は全教科の基盤となる教科ですから、子どもが本を読みたいと言っているのにストップをかけることは、国語力の伸びとともに、ほかの教科の伸びも頭打ちにしてしまう可能性があります。

小学3・4年生の段階で国語が得意でも、5・6年生で苦手になる子はいます。学年で学ぶレベルが自分のレベルよりも低ければ得意でいられますが、それを超えると途端に苦手に転じてしまうのです。

また、小学5・6年生は論理的思考力を身につけていく時期です。国語の出題も論

理的に構造を把握していくタイプの文章が多くなります。

物語文は情感豊かに読めて読解できるけれども、論理的な文章を理解することがすごく苦手な子もいます。こうした子は、**論理的な文章がでてくる高学年になって、思うように国語の点数が伸びなくなってしまい、国語が苦手教科になってしまうのです。**

「あれ？　国語は得意教科だったはずなのに……」と成績が落ちてから慌てないようにするには、次に挙げる2つのことを意識しておきましょう。

1つ目は、継続的にいろいろな文章や知識に触れることです。そのためには、やはり読書が有効です。

高学年になれば、読書が好きな子は、お父さんやお母さんと同じレベルの本を読めるようになります。大人の視点に触れることも重要な体験なので、「このエッセイおもしろかったよ」などと、子どもに渡してみるのがよいでしょう。

2つ目は、「国語はできるんだから、ほかの教科を勉強しなさい」などと止めないことです。学年相応、あるいは学年以上の国語力を鍛えていくためには、この2つを踏まえておくことが欠かせません。

Check!

- ▼親がおもしろいと思った本を子どもと共有する
- ▼子どもが自主的に国語を勉強していたら止めない

Column

中学入試「国語」のトレンド

近年の中学受験の国語の傾向は、2021年から実施されるようになった大学入学共通テストの意図を反映した設問が多くなっていることです。大学入試で求められる力が中学入試でも問われるようになっています。

センター試験から大学入試共通テストへ変更となり、思考力や判断力を問う問題が増えています。当初は記述式問題の導入が議論されていたので、表現力についても問える設問にしたいという狙いがあったようです。

具体的には、文章に加えて表やグラフがついており、それらを複合的に読み取り、きちんと理解できているかを問う問題などが挙げられます。

また、「文章1」「文章2」と2つの文章が出題され、「この2つの文章に共通するのはどういったことか」を問う設問も多くだされます。

この場合、一つの文章を読解したあとに要約し、さらにもう一つの文章を読解し、要約する。そのあとに「共通点はなんだろう」と考えて、答えを導きだすといった手順が欠かせません。

こういった問題を解くには、**文章を抽象化してとらえる能力が必要になります。**この能力は、一朝一夕では身につけられません。ご家庭で一つの文章や本を読んだあとに、「今日のお話はどうだった?」「どんなことが書いてあったの?」と尋ねるといった取り組みの積み重ねが大事になってきます。

第3章

算数ができる子になる習慣

算数は苦手意識をもちやすい「積み上げ教科」

国語に続いて、第3章では算数の勉強について取り上げます。保護者のなかには、算数に苦手意識をもっている人も多いかもしれません。算数は知識や解き方を積み上げていく教科なので、低学年でのつまずきが、中学年、高学年へと影響を与えてしまいます。

また、中学校・高校になっても小学校の算数の知識が必要になります。そのため、一度「苦手だな」「できないな」と思うと、学年が上がっても苦手意識を引きずりやすい教科です。

苦手になりやすい算数ですが、物事を論理的にとらえたり、整理したりするのに欠かせない学びです。 このような力は、小中高大の学びの基礎になるだけでなく、社会にでてからも必要とされます。

一方で、「円の面積を求める計算なんて社会人になって一度も使わないよね」「電卓もあるし、計算なんてできなくても大丈夫じゃない？」と算数の知識はあまり役に立たないという意見も耳にします。

たしかに、算数で習う公式のなかには、大人になって一切使わないものもありますが、いわゆる論理的に考える「算数的な思考」は誰にでも必要となってくるものです。

では、小学校の算数が得意になり、自ら算数にすすんで取り組む頭のいい子になっていくためには、どのような家庭環境を整えるとよいでしょうか？

算数を学ぶことで鍛えられる能力や家庭でできる算数の学び方について、SAPIX小学部で算数を担当している髙野雅行先生にお話を聞きました。

小学生での得意・不得意はすぐに変動する

小学３・４年生くらいまでは、自分がだした答えにマルがもらえるか／もらえないかで「算数が得意だ！」と思ったり、「正解できないから苦手！」と思ったりします。

高学年になってくると、一つの解き方を応用できたり、解き方の筋道がきちんとわかっていたりすることが「得意」の指標になりますが、小学低学年・中学年の段階では得意・不得意はそこまで決定的なものではありません。

また、必ずしも「算数が苦手＝嫌い」ではありません。**点数を取るのは苦手だけれど、算数の学びは好きという子もいます。**

得意と不得意があやふやな状態なので「あなたは図形が苦手だから図形問題をいっぱい解きなさい」と決めつけて指示をだすことがマイナスになることもあり

ます。「あなたは〇〇が苦手だ」と言われたことによって、本当に苦手になってしまうケースがあるのです。

大事なことは、「算数はおもしろいかもしれない」という思いを大切にしながら、できない部分を解決していくことです。「ここまでできたね！　すごいじゃん」と褒めたり、ゲーム感覚で問題をだしてみたりしながら、少しずつ理解していきましょう。

たとえば、「この単元ができていないから、この問題を解かせよう」といった保護者の分析と対策が正しかったとしても、子どもがその通りに動いてくれるとは限りません。子ども自身が、「楽しいな」「ここの理解は必要だな」「やらなきゃいけないな」と心から思って努力するタイミングでなければ、前向きに取り組むことは難しいものです。その前向きな気持ちをつくっていくことが、家庭での接し方の大切なポイントとだといえます。

家庭で「やりすぎない」ことも大切

子どもに「算数っておもしろいな」と思ってもらうためには、日常生活のなかで算数的な考え方に触れていくことは非常に有効です。この章の120ページからは、その具体的な方法を取り上げていきますが、大前提として忘れないでほしいのが保護者が疲れすぎないようにすることです。

ここで紹介する活動以外にも、「こんなことも勉強になりそう！　やってみよう」とたくさんアイデアがでてくる人であればいいのですが、「子どもの勉強になるようなことをしなければ」と焦りすぎると疲れてしまいます。これでは長続きしません。

さらに、保護者によっては**「一生懸命考えたのになんで乗り気じゃないのよ！」と子どもに怒りをぶつけてしまう可能性もあります。**

「あれもしなくちゃ」「これもしなくちゃ」と躍起になりすぎず、おおらかに子どもと一緒に楽しむような感覚で臨んでください。

算数を学ぶことで育つ力

算数の学びは、社会や日常生活で具体的にどう役に立っているのでしょうか?

前述したように、細かな公式を使うことはなくても、算数の考え方は日常生活と密接に結びついています。ここでは、算数の学びを通して育まれる能力や資質を説明します。

能力1 トライ・アンド・エラーをする力

算数の問題を解くのに必要なのは、筋道を立てる力です。

これは社会にでると、自分で計画を立てて、予定通りにいかなければトライ・アンド・エラーを繰り返し、調整しながらも目標を達成していく能力へとつながっていきます。

トライ・アンド・エラーを繰り返すことは、これから先のみえない時代を生きる子どもたちにとって必要不可欠な力です。

能力2 条件を整理して段取りを考える力

「決められた条件を洗いだし、そこで最大のパフォーマンスを発揮するにはどうすべきか」、これはビジネスパーソンに求められる能力ですが、算数のなかでも育まれます。

「限られた時間内で何ができるのか」「予算をギリギリまで使って、どこまでよいサービスをつくれるか」など、大人であれば無意識に考えていることですよね。

ほかにも「2日分のごはんの食材を1時間以内で買って帰りたいから、まずはスーパーに寄って、安いお肉屋に行き、パン屋に寄って……」と段取りを考える際にも算数の力を使っています。

つまり、仕事や日常生活のなかで、私たちは自然と算数の力を使っているのです。

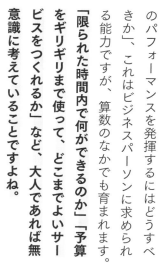

SAPIX式

算数ができる子になる習慣①

算数に興味をもたせるには？

△ 九九のポスターをトイレに貼る

○ 親子で九九クイズをして遊ぶ

算数の問題はゲーム感覚で楽しもう

算数を身近に感じさせようと、九九や簡単な計算のポスターをリビングやトイレに貼る家庭は少なくありません。ポスター類は、マイナスにはなりませんし、やらないよりはやったほうがいいでしょう。

しかし、それよりも効果的なことは、子どもと数にまつわるクイズをすることです。たとえば九九で子どもと勝負をしたり、「答えが12になる九九の掛け算は？」と逆算問題をだしてみたりしましょう。

ポスターで九九を覚えようとするよりも、お父さんお母さんに「12になるのは？」と問われて、「2×6と、3×4かな」と答えるほうが、頭を使いますし、ゲーム感覚で楽しめるよさもあります。

正解すると達成感を覚えるので、「算数は楽しい」「九九は得意！」といった思いを抱くようになります。印象的な体験になるので記憶にも残りやすくなるでしょう。

ときには意地悪をして、「47になるのは？」と質問をしてみるともっと盛り上がります。「あれ？　そんな九九あったかな？」と立ち止まって考え、そこに楽しさや不思議さを覚える子がいるからです。

このような簡単な算数クイズは、お父さんお母さんも脳トレのつもりで一緒に取り組んでみてください。

案外、子どものほうが速く解答できるかもしれません。また「お父さん（お母さん）に勝った！」となれば、子どもは得意になり、算数への関心をより深めていけます。

Check!

▼**親子で九九の問題をだし合って遊ぶ。その際、子どもが達成感をもてるように、お膳立てしてあげる**

SAPIX式

算数ができる子になる習慣②

数字を身近に感じさせるには？

×

子どもはお金に触れさせない

○

子どもに外食時の支払いをまかせる

「お金」は数字に興味がわく最高のツール

「数字」に触れることは、算数に親しむ方法として有効です。日常生活でよく接する数字の一つに「お金」があります。

「子どものうちからお金に触れて大丈夫?」「今からお金に興味をもたれても……」といった心配をする人もいるかもしれませんが、お金は数を学ぶのに非常にいいツールです。

たとえば、外食した際にお財布を渡して子どもに支払いをまかせる機会を設けてみましょう。「いくらだと足りるかな?」「お釣りはいくらになりそう?」などと親子で話をしながら、支払いをします。

最近は電子マネーを使うことが増えていますが、現金で支払う機会があれば、ぜひ積極的に子どもにまかせてみましょう。

また、スーパーなどでお肉を買う際に、「あちらのお店では１００グラムで○○○円だったよね。こちらのお店では２００グラムで●●●円だったね。どちらのほうが得なんだろう？」といったクイズをだすのもいいですね。計算力が必要ですが、身近な算数として、親子で一緒に「数字」と接することができます。

「2割引」や「30％ＯＦＦ」なども、子どもがつまずきやすいポイントです。最初の頃は一緒に計算をしましょう。「○円得だね！　得した分でお菓子でも買おうか」と会話をしていると、子どもはどんどん数字に興味をもつようになっていきます。

Check!

- **何円払えばいいか親子で話しながら会計する**
- **「○割引」「○％ＯＦＦ」などを子どもに計算してもらう**

SAPIX式

算数ができる子になる習慣③

計算ミスが多い子にどうアドバイスする？

△ 計算問題をたくさん解くように伝える

○ 計算のルールを一緒に確認する

計算の手順を守る練習を繰り返すことが大切

算数を好きになるためには3つの力が必要です。**1つ目は計算力、2つ目は筋道を立てる力、3つ目は図形を紐解く力です。**

ここではまず、計算力をつける方法をご説明します。

計算ができるというのは、端的にいうと、手順を守ることができるということです。スラスラと計算ができるようになるためには練習を繰り返す必要があるのは確かです。しかし、手順を間違えている状態でやみくもに計算問題を何度も解いても、間違いを重ねていくだけです。

たとえば、足し算と掛け算が含まれる計算を出題されて、掛け算から取り組むことがわからなければ、いくら計算問題を繰り返しても正解にたどり着くことはできません。一生懸命何問も解いたのに成果につながらなければ、子どもは「どうせ正解できないし」「もうやりたくない」と思ってしまいます。

大事なことは、正しい計算のルールを確認して理解することです。

しかし、ルールを確認したからといってすぐにスラスラと問題を解けるわけではありません。何回か計算問題を練習している姿を見守ってください。もしルールが曖昧になったり、途中から忘れていたりしたら、またきちんとルールを踏まえるところに戻りましょう。

計算力は計算問題だけに有効なわけではありません。文章題でも図形の問題でも、最終的には計算をする必要があります。つまり、算数のすべての問題に必要となる力ですから、きちんと確認していきましょう。

Check!

▼**足し算と掛け算、どちらを先に計算するのかなど、手順を復習してから練習問題に取り組む**

SAPIX式

算数ができる子になる習慣④

単位が苦手な子にどうアドバイスする？

△

単位早わかりの下敷きを買う

○

「一緒に料理しよう！」と誘う

単位の勉強は、実体験で学ぶのが一番強い

SAPIX小学部でも、「1キロリットル＝1000リットル」「1ヘクタール＝10000平方メートル」など単位の早わかり表が載っている下敷きをもっている子をみかけることがあります。**単位は算数のなかで、子どもがつまずくポイントの一つなので、身近に触れておくことは非常に重要です。**

単位は丸暗記するよりも、実生活で使ったほうが身につきます。

おすすめは、子どもが分量を量りながら料理をする体験です。レシピを見ながら、「ここには2人分と書かれているけれど、うちは4人家族だよね。どれくらい入れたらよいと思う？」と計算してもらいましょう。

さらに小さい弟妹がいる家庭なら、「3.5人分で作るには、どのぐらいの分量になるかな？」と聞いてみるのもいいかもしれません。

料理に慣れてきたら、難易度を高めていきましょう。

ドレッシングのレシピを見て、「300ミリリットルもドレッシングはいらないね。100ミリリットルにするには調味料をどれくらいずつ入れればいい?」などと子どもと話し合ってみるのです。

子どもが間違えそうになると、「そんなに入れたらダメ!」とつい叱りたくなってしまうかもしれません。しかし、そんなことをするとお手伝い自体が嫌いになってしまいます。

万が一、仕上がった料理が辛くてもいいじゃないですか。「辛すぎたねー!」と笑い合って食べればいいんです。**失敗もありえると思いながら、子どもに一品分は量ってもらい、うまくいったらラッキーくらいの感覚でいると穏やかな気持ちでいられます。**

また、「ホールケーキを6等分に切ってみよう」といった体験も大事です。どういうふうに切ると、きれいな6等分になるかを考えながらカットします。ケーキが大好きな子であれば、自分の取り分が小さくならないように、真剣に考えてカットしてくれるはずです。

ほかにも、新しい家具や家電を買うときに、子どもと一緒に売り場へ行ってみるのもいいですね。部屋のなかに置ける家具や家電の幅、高さ、奥行きのサイズ感を一緒に確認してみましょう。ミリメートルやセンチメートル、メートルといった単位の感覚がつかめるはずです。

生き物が好きな子や、飼っている生き物がいるご家庭なら、サイズを実際に測ってみるのもいい学びになります。そこから少し広げて、同じ種類の生き物でも体長の個体差がどのぐらいあるかなどを調べてみるのもおもしろいかもしれません。

ここでも重要なのは、穏やかな気持ちで余計な手だしをしないことです。測り方にまごついても、手助けを求められるまでそっと見守っていましょう。

単位とは少し変わって「速さ」の問題とつながることですが、不動産屋のチラシにある「駅から徒歩○分」という表示が本当にその分数なのか、実際に歩いて確認してみるのもいいでしょう。目にみえない「速さ」の実感が湧いてきます。

Check!

▼**料理をしたり、家具などのサイズを測ることで、単位に触れながら計算する体験を**

▼**ホールケーキの切り分け担当をお願いする**

SAPIX式

算数ができる子になる習慣⑤

文章題や図形問題を解く力をつけるには？

×

お手伝いのときに、「教えた通りにしてね」と伝える

〇

お手伝いのときに、「早く正確に終えるにはどうする？」と問う

ラクすることを考えるのは間違いじゃない！

算数の文章題に取り組む際に重要なのは、「筋道を立てる力」をつけることです。
たとえば、算数の問題で「太郎くんは毎分70メートル、はるかちゃんは毎分110メートルの速さで自宅から駅に向かって歩きます。太郎くんが自宅をでてから4分後に、はるかちゃんも駅に向かって歩きだしました」といった文章に対して、「はるかちゃんが太郎くんに追いつくのは、はるかちゃんが家をでてから何分後でしょうか」といった問いが出題されます。

このような問題は、最初にどの情報が必要で、次になんの情報につなげれば解くことができるのか、筋道を立てなければ解答することはできません。

また、文章題だけでなく図形の問題でも筋道を立てる力は必要になってきます。
「面積をだすなら、この情報だけでは難しいな。まずは、タテの長さをどうだすかを考えると、この問題は答えられそうだ」という作戦を練ることが重要です。

この筋道を立てる力とは、大人がわかりやすい言葉でいうと、ロジカルシンキングのこと。小学生に説明するときは、「どうやったらラクができるかな」と声をかけましょう。

「これとあれが同じ結果なら、こっちのほうがラクだよね」と近道をしたり、手順を省略したりする見方をできる子のほうが、筋道を立てて解く力をもっています。つまり、ラクするにはどうするかを試行錯誤することで、筋道を立てる力を育てることができるのです。

もちろん、この力は、算数の問題だけで培われるわけではありません。

家事のお手伝いにしても、「丁寧に一つ一つ言われた通りにやってね」と言うのではなく、「どういう順番でやったほうがいいと思う？」「早く終わらせて、遊びに行くにはどうする？」と尋ねて、工程を考えるようにうながします。

子どもが効果的な手順を見出そうとするなかで、筋道を考える力を養っていくことができるのです。

Check!

▼お手伝いをどうやったら効率化できるか、子どもに考えさせる

SAPIX式

算数ができる子になる習慣⑥

子どもの立てたスケジュールが破綻したら？

×

計画は変更せずに、なるべくやり切れるように叱咤激励する

○

子どもの計画はうまくいかないもの。1週間単位で振り返って変更する

スケジュールを見直すこと自体が算数の力を育てる

スケジュール管理は、算数の文章題や図形問題を解くために必要な「筋道を立てる力」を高めることにつながります。

冬休みや夏休みの長期休暇前には、勉強や生活の計画を立てることがあるでしょう。しかし、子どもの立てる計画は、予定通りには進まないですよね。あれもやってこれもやってと詰め込みすぎて、破綻するパターンがほとんどです。

予定通りにいかないことは、大人でもよくあります。計画立案に慣れていない人は、仕事のスケジュールをつくったものの「これを達成するには3日間徹夜……？」といった詰め込みをしてしまいます。

つまり、スケジューリングは、そもそもうまくいかないものなのです。

計画通りにいかなかったことに対して「予定通りにできなかった！」と落ち込んだ

り子どもを叱ったりするのではなく、1週間ごとにスケジュールを見直していくことが重要です。

自分の生活スタイルを踏まえて、「お風呂上がりの夜の時間に、国語の文章を読む時間は取れない」といったことがわかってくると、現実的な計画を立てられるようになります。これにより、勉強や仕事などを計画通りに行える力がつくだけでなく、筋道を立てて考える力を養うことができます。

先ほども述べましたが、大人でも計画通りに進めることは難しいように、小学生の段階で完璧にこなせる子などまずいません。

スケジュールを守ることよりも、自分で立てた計画を定期的に見直し、どうしたら効果的に勉強ができるかを考えることが、物事を整理して考える力の育成につながるのです。

Check!

▼スケジュールは定期的に見直すことで、算数の問題を解く「筋道を立てる力」が育つ

SAPIX式

算数ができる子になる習慣⑦

図形問題が苦手な子にどうアドバイスする？

△ 折り紙やパズルで遊ぶことをすすめる

○ 「折り紙やパズルで一緒に遊ぼう」と誘う

図形を使った遊びには幼い頃から親しもう

計算問題は得意だけれど、図形問題は苦手。文章題はできるけれど、図形問題には手が止まってしまう。当たり前ですが、そういうタイプの子もいます。計算問題、文章題、図形問題には、それぞれ別の力が必要なのです。

小学3～4年生で図形問題が得意な子になるには、保育園・幼稚園の時期や1～2年生の頃にどれくらい図形を使った遊びに触れてきたかが鍵を握ります。

図形を使った遊びの代表例は、皆さんもご存じのように折り紙やパズルなどです。ぜひお父さんやお母さんも、それらで一緒に遊んでみましょう。小さい頃は、見本に沿った折り方ができなくても大丈夫。**まずは、いろいろな形に触れることが大事です。**

ほかにも、知育ブロックなどのおもちゃ遊びからは、立体の感覚を磨いていくことができます。小さい頃からレゴ®やマグ・フォーマー®などに触れる機会を設けていると、図形的な感覚を身につけられます。

とはいえ、こうしたおもちゃはただ買えばいいわけではありません。レゴ®やマグ・フォーマー®のパーツを並べているだけでは、立体的な感覚は身につきません。**お父さんやお母さんが「こうやって遊ぶんだよ」とナビゲートすることで、組み立てることを学んだり、パーツを組み合わせるおもしろさを体感したりすることができます。**

その結果として、子どもは立体や図形への興味が湧いてくるのです。

子どもたちの間で、アニメ『鬼滅の刃』が流行りましたよね。ご覧になった人はおわかりになると思いますが、主人公の竈門炭治郎《かまどたんじろう》の法被《はっぴ》は市松模様の柄でした。市松模様は突き詰めると、ただの四角形の連なりです。

しかし、パッと見たときにおもしろさがあります。このような、図形がもとになった柄に自然と目がいく子は、図形問題に強い傾向があります。

また、和柄は図形への興味をうながすのによい入口となります。「どんな形が組み合わさっている？」と親子で模様を分析してみるのもいいでしょう。

小学３・４年生になって中学受験を意識する頃からは、どれだけ図形問題を解く練習をしたかが重要になってきます。

図形の設問はパターンがあるので、「このパターンは知っている」「似た問題を解いたことがある」ことを思い起こせるまで練習することが大事です。たとえ図形問題が苦手でも、パターンの練習を重ねれば問題を解く力を高めていくことができます。

ただ、図形に親しんできた子のほうが、出題パターンをとらえるのが早いのも事実です。そのためにも、小さい頃から図形に触れる遊びを大事にできるといいですね。

Check!

▼折り紙やパズル、和柄の組み合わせなどいろいろな形に接する機会を増やす

SAPIX式

算数ができる子になる習慣⑧

算数が好きなのに、テスト結果が悪いときは？

×

「目標まで40点足りないね」と声をかける

○

「70点になるにはどうすればいいかな？」と声をかける

算数が好きでも、いい点が取れるわけではない

算数は嫌いではないけれど点数が伸びない子には、「好き」という気持ちを失わせないように接することが重要です。

そのために大事なのは、「何点だったのか」にとらわれすぎないこと。たとえば、100点満点のテストで60点だった子に対して、「100点まで40点も足りないよ」といった声をかけていないでしょうか。

このような接し方をすると、子どもは「算数が好きなのに点数が取れない自分」にがっかりしてしまいます。

さらに、**子どもは親から期待されていることを素早く察知します。**「お父さんお母さんは『いい点を取ってくるだろう』と思っていたのに、僕は取れなかった」、と情けない気持ちになってしまうのです。

「算数が好き」と思っている子は、自分に対する期待値が高めなので、「がっかり」することが重なると、少しずつ「点数が取れないから嫌い」という気持ちが植えつけられてしまいます。せっかく好きだと思っているのですから、嫌いになることは避けたいものです。

繰り返しになりますが、「算数が好き」という気持ちを失わせないようにサポートすることが重要です。そのためには、**「好きだからたくさん点数が取れるはずだ」という足かせを外してあげましょう。**

具体的には60点を取った子に対して、「お！　60点だったんだね。70点になるには、どの問題を正解したらよかったのかな」「60点まで取れたんだね！　80点になるには、この問題ができるとよさそうじゃない？　じゃあ、80点を目指して一緒にがんばろうか」といった言葉をかけます。

点数をジャッジするのではなく、できるようになるにはどうしたらよいか作戦を立てることが重要です。

算数ができるようになるためには、計算の練習を繰り返したり公式を覚えたりと、地道な努力が不可欠です。好きという気持ちを失わなければ、算数のために努力することができる子に育ちます。

Check!

▼テストの点数を肯定したあと、もっとできるようになるにはどうすべきか作戦を立てる

SAPIX式

算数ができる子になる習慣⑨

理解できていない単元は、徹底的に学び直すべき？

×

すべて学び直しをする

○

影響力の大きい単元だけ学び直しをする

理解不足の単元が判明するのは、よくあること

子どもの算数のテストをみていて、算数の基本的な部分がわかっていない可能性に気がつくことがあるでしょう。

そんなことがあったとしても、慌てる必要はありません。基礎的な部分の理解不足が発覚することは、小学生ではよくあることです。

たとえば、小学校4年生になって九九がわかっていないことが判明したら、保護者としてはどう対処していいかわからずに焦る気持ちも理解できます。「こんなこともわかっていないんだったら、算数ができるわけがない！」と子どもに対して感情的になってしまうかもしれません。

冷静になればわかると思いますが、**理解できていないことを叱っても意味はありません。**

必要なことは、その「わかっていないこと」がどれほど影響の大きいことなのかを確認して、必要であれば、「戻る」ことです。

たとえば九九であれば、2桁や3桁の計算にも使いますし、面積を求める問題でも必要になります。九九という基礎がなければ、ほぼすべての計算でつまずくことになってしまいます。

こうした影響の大きい分野は、学び直しをして、改めて理解できるように丁寧にサポートしましょう。

ただ、なんでもかんでも理解できていない単元に戻ればいいというわけではありません。

とくに中学受験を目前に控えていると、できない部分ばかりに目がいって、「あれも覚えていない！　これもわかっていない！」と慌ててしまうものです。

過去に習ったことをすべて完璧に身につけている子どもはいません。正直にいって、「できないこと」を気にしだしたらキリがないのです。

前述したように、影響の大きい分野は学び直しが必要ではありますが、どの単元なら学び直したほうがいいのかは、保護者では判断が難しいこともあるでしょう。

以前学習したところがあまりに身になっていないと感じた場合には、小学校の先生や塾の先生に相談をしてみるのも一つの手です。プロと一緒に対策を練っていくことで、戻るべきところには戻るという決断ができます。

Check!

▼ **九九など、今後の勉強への影響が大きい単元を理解していないことがわかった場合には学び直す**

▼ **学び直しをすべきかどうかは、先生に相談するのもおすすめ**

SAPIX式

算数ができる子になる習慣⑩

算数を得意にするには？

✕

算数の問題は、間違えないように丁寧に解くように伝える

〇

算数の問題は、ゲーム感覚で解く。間違えてもＯＫと伝える

不正解が怖い子は算数が伸びにくい

「算数が得意」というと、天才的なひらめきをもっている子をイメージするかもしれませんが、決してそれだけではありません。

ゲーム感覚で楽しめる子は算数を楽しんで解けるようになる傾向があります。失敗を恐れるのではなく、**「間違えたらもう１回やってみよう」と思える子は、算数が得意になることが多いのです。**１１８ページで紹介した「算数を学ぶことで育つ力」の一つであるトライ・アンド・エラーする力を身につけている子といえるかもしれません。

一方で、「間違えたくない」と思って手が止まって動けなくなる子は、算数の問題を解き進められないケースがでてきます。「この道を歩めば絶対に頂上まで行けるよ」というルートがはっきりしないと歩き始められないタイプは、算数に苦手意識をもちやすいといえるでしょう。

また、「ゲームだ」ととらえると、算数の問題に対して「なんでこういうルールになるの？」「こんな状態、絶対に起きないじゃん」といったことに子どもが引っかかりにくくなります。

たとえば、「分数の割り算は、なんでひっくり返して掛け算するのか？」と思ったことはありませんか？　この質問に対する答えをすごくシンプルにいうと、「そういう決まりだから仕方がない」ということになります。

ほかにも、「時速60キロで3時間進みました」といった文章題があるときに、「その速さで走れるわけないでしょ」「ずっと同じ速度のはずないよね」といったことに引っかかってしまうと、問題を解く手が止まってしまいます。

「こんなことあるわけないじゃん」とどこかで思っていたとしても、「ゲームだし」「こういうルールなんだな」と客観的にみられると、すんなりと取りかかることができるようになります。

Check!

▼正解か不正解かは気にしないでゲームだと思って楽しく問題を解く
▼「トライ・アンド・エラー」が大切だと伝える

Column

中学入試「算数」のトレンド

小学生に対しては、数学的知識を前提とする問題は出題できません。そのため、出題の幅が広げにくく、算数における近年の中学受験の大きなトレンドはありません。

ほとんどの問題が、「過去問を少しアレンジした問題」「この問題とこの問題を組み合わせた出題」というつくりになっています。

つまり、過去に出題されたような問題をきちんと解くことができていれば、中学受験の算数でつまずくことはありません。算数に苦手意識があったとしても、努力さえすれば、ある程度の点数は取れるようになるはずです。

20〜30年前のことになりますが、「中学入試は算数で結果が決まる」といわれた時代がありました。そのため、算数が苦手な子に対して「中学受験は厳しい」と指導する塾があったことも事実です。

しかし、今ではそんなことはありません。

苦手であっても、小学校の算数は努力で挽回ができます。

大きな出題傾向の変化はないという前提で、３つのトピックをご紹介します。

①思考力・表現力を問う問題

難関校は以前から出題していましたが、中堅校でも思考力・表現力を問う問題がよくみられるようになりました。たとえば、「次郎くんはこの問題を解くのにこういう式を立てました」と書いてあり、「この式が何を意味しているかを説明しなさい」といった出題がされるのです。問題に対する本質的な理解をしたうえで、言葉で表現する力も求められる設問だといえるでしょう。

②表やデータを分析する問題

問題文に表とデータをつけて、「どんな傾向があるか」「中央値はどこか」「最頻値はどこか」といったデータ分析の出題がみられるようになりました。

③プログラミングがからむ問題

教科にはなっていませんが小学校でプログラミング教育がスタートしたことを受けて、「ロボットにAという指示を与えたらこういう動きになりました。では、Bの指示をだした場合はどうなるでしょう」といった出題もみられるようになりました。

とはいえ、こうした新しい問題を出題する学校が急増しているわけではありません。現段階では、「このデータはどうなっていますか」という単純な読み取りを求める設問であったり、「このプログラムの場合にはどうなりますか」と問うものであったりと、そこまで高い思考力を必要としない問題がほとんどです。

つまり、②③のような問題の練習に多くの時間を割くよりも、従来通りの問題をコツコツ解くほうがずっと大切だといえます。

第4章

社会ができる子になる習慣

社会科は単なる暗記だけでは伸びない

「社会科は暗記教科だ」といった言葉をよく耳にします。

しかし、本当にそうでしょうか?

歴史分野にせよ、地理分野にせよ、覚えることが多いのは事実ですが、「覚えるだけ」ではなかなか社会科のおもしろさに気づけません。さらに、「学力の伸び」も期待できなくなります。

SAPIX小学部で社会科を担当する加藤宏章先生は、「社会科において覚えることは、道具を得るためであって、目的ではない」と語ります。

社会科は世の中をみる目を養う教科です。

社会で起きていることを紐解いて「なぜ、こうなっているんだろう?」と考えていくには、多様な知識が必要になってきます。たとえば、物価上昇の問題ひとつとっても、その背景を知り、対策について考えるには、多くの知識をもとにした複合的な考察が必要です。

つまり、**知識を覚えることは、社会科の目的ではなく世の中で起きていることについて思考していくための手段**なのです。

では、社会科で必要な「思考力」を育てるためには、子どもとどんな関わり合いをしていけばいいのでしょうか。

この第4章では、社会科を学ぶことで伸びる能力や、社会科を得意教科にするために家庭で実践できることについて、加藤先生にお聞きしていきます。

子どもの発見や疑問を深めて広げる工夫を

社会科を「覚えるだけ」で終わらせないために大事なことは、子どもたちの生活や体験と社会科での学びを結びつけることです。

たとえばスーパーに行って「同じ商品なのに、なんで1週間前より値上がりしているんだろう?」と子どもに聞きながら一緒に考えてみる。旅行に行って、自分が住んでいる地域と何が違うのかを比較してみる。こうした体験と投げかけをセットにして積み上げることで、子どもたちは知識を活かして考えるようになっていきます。

「考えるには知識が必要なんだ」「知識があることでみえる景色が変わるんだ」ということを実感すると、「単なる暗記」ではない社会科の見方ができるようになるのです。

また、あえて「これが社会科の学び」と規定しなくても、日頃の生活が社会科の学びにつながっています。お手伝いのなかにも、地域活動のなかにも、テレビのなかにも、子どもたちの遊びのなかにも、社会科の学びはあふれています。

子どもは日々発見や疑問を口にしていますから、大人に求められるのは、その疑問に寄り添って、考える素材を与えたり掘り下げたりしていくことです。

必ずしも、答えを与える必要はありません。

つまり、子どもたちの多様な経験を大事にし、そこでの子どもの発見を深め、広げていくことが重要なのです。

地理と歴史を分けて考える必要はない

ときどき「地理は得意だけれど、歴史は苦手」とおっしゃる人がいます。

しかし、加藤先生は**「歴史と地理を分けてとらえる必要はない。私たちが、地理としてとらえていることは、歴史の新しい1ページになるのです」**と言います。

地理では、世界の国々や日本各地の文化と地形を学びます。文化は、歴史的な背景があって芽生えてくるものですし、地形も歴史的な気候などの変化や、人々の営みによってつくられています。

つまり、どちらもつながり合っているものなのです。

そのため、169ページからご紹介する【社会ができる子になる習慣】でも、特段、歴史と地理を分けて解説することはしません。

地理も歴史も社会科の勉強全般で大事なことは、「知りたがり」「考えたがり」の子を育て、視野を広げるような接し方をしていくことです。

社会科を学ぶことで育つ力

社会科は文字通り「社会を学ぶ教科」です。
そのため、社会で生きることに直結する
ありとあらゆる力を
身につけることができます。
ここでは、社会科を通じて養える
2つの大きな力を紹介します。

能力1 多様な価値観を大切にする力

社会科では、さまざまな人の視点に立って考えることが求められるので、多様な考え方や多様な価値観を認められる力がついてきます。

この先の社会では、日本国内だけではなく、世界を視野に入れて活動する機会が増えるでしょう。

また、たとえ日本にいたとしても多種多様なバックグラウンドをもつ人々とどう付き合っていくかが重要になります。

社会科の学習は、そうした力を培う学びとして非常に有効です。

能力2 仮説検証する力

社会で起きている問題に対して、絶対の解決策はありません。試行錯誤しながら、多くの人にとってベターな方向性を探っていく力が求められます。

そして、ベターな解決法にたどり着くためには、**自分は「こうすればよくなると思う」という仮説を立て、人に話を聞いたり実行してみたりして考えを深めていく必要があります。**

このように社会的な課題に対して、仮説検証して探究していく力を育むには、社会科がぴったりの教科といえます。

SAPIX式

社会ができる子になる習慣①

社会科を身近に感じさせるには？

△ 地球儀や地図帳、歴史漫画をそろえる

○ 子どもと一緒に散歩や旅行をする

親子で楽しめる「外」遊びを計画する

この章の冒頭でも述べましたが、社会科はまさに「社会」を学ぶ教科ですから、**単なる暗記教科という意識から抜けだすことが重要です。**

地図帳や地球儀、歴史漫画などの社会科の資料を用意することも、もちろんいいことですが、それよりもどんどん「外」にでて身のまわりの気づきや疑問を拾い上げていきましょう。

たとえば、自宅近くをお散歩してみるのはいかがでしょうか。

日頃は意識していないかもしれませんが、坂道や川、池などの地形の違いに注目してみてください。坂が多い地域でしたら、子どもと一緒に、なぜこんなにも坂が多いのかを考えてみます。川が流れていたら、どこから流れてきてどこへ向かっているのか、川のまわりはどうなっているのかについて観察してみるのもいいでしょう。

もしくは、散歩の最中に古いお宅を見かけたら、マンションとのつくりの違いに目を向けてもいいかもしれません。

昔ながらの家には「ひさし」があります。ひさしは、夏場は日を遮り、冬場は日が差し込むようにつくられています。こうした構造に親子で着目することは、子どもの印象に残るおもしろい体験になるはずです。

旅行も気づきや発見の宝庫です。

山のなかを車で走っているとき、トンネルを越えると「あれ？　全然天気が違う！」という経験をしたことはありませんか。そんなとき、「なんで天気が変わったんだろうね」と子どもと一緒に考えてみてください。

また、高原へ遊びに行けば、高原野菜を食べることもあるでしょう。そこで、「高原野菜はどんな環境で育つのだろう？」と問いを投げてみます。高原野菜は標高が高いだけではできません。標高が高くてどんな地形になっていれば育つのか、親子で考えていけると体験に深みがでます。

ほかにも、旅行で気づけることはたくさんあります。山間部には棚田があるので、その風景を楽しむだけで終わらずに「ここでは農業機械が使いにくいね」など、作業の際にどんな苦労があるのかを考えてみます。

神社仏閣を訪れたら、マナーやその意味などを考えてみるのもいいですね。神社仏閣でのマナーについては、実際に中学入試で出題されたこともあります。

こうした気づきや疑問に対して、子どもが知識をもっている場合には「授業で○○って習ったよ！」と話してくれるかもしれません。

また、知識がない場合でも「調べてみる！」と行動に移したり「もしかしたら△△かも？」と仮説を立てたりするはずです。

このような一つ一つの貴重な体験が社会科の学びにつながっていくのです。

親子で楽しめるプランが思いつかないときは、町歩きを楽しむための本やガイドブックをヒントにしてみてもいいでしょう。

小学4～5年生頃までは、年齢的に親子で出かけることに楽しさを感じる子が多いはずです。まさに、実感を伴う体験がじっくりでき、社会科を好きになれるタイミングです。ぜひ、外へ遊びに出かけてみてください。

Check!

▼社会科は世の中と接続する教科。散歩や旅行で気づきや疑問を拾い上げ、社会科の楽しさを実感する

SAPIX式

社会ができる子になる習慣②

社会科に興味をもたせるには？

△ 地理や歴史関連の本を子どもにすすめる

○ 絵本でもライトノベルでも子どもが好きな本を読む

子どもには何を用意するかより、どう接するかが重要

【国語ができる子になる習慣①】（70ページ）でも読書の重要性をお伝えしましたが、社会科においても読書は大切な学びのツールとなります。一つ前の項目で説明したように外へでることで得られる社会科的な気づきや発見もありますが、読書も同じように社会科に興味をもつきっかけになることが多くあります。

ただ、私からとくに「この本を読みましょう」と子どもに指定することはありません。**何を読んでも社会科に関する視点を養う気づきがあるからです。**絵本、小説、ライトノベル、漫画などのジャンルを制限せずに、子どもが興味を示したものをあれこれ手に取らせて、視野を広げてみましょう。

以前SAPIX小学部に、ライトノベルを大量に読んでいる子がいたのですが、この子は国語もできるし、社会科に関する視点も強いなと感じていました。本を読むこ

とで、さまざまな経験が積み重なり、学びの土台を築いていたのでしょう。

子どもが読む本は、なにも難しい本である必要はなく、絵本でもまったく問題ありません。

たとえば、私のすすめる絵本として『日本の川』シリーズ（村松昭／偕成社）があります。一つの川の源流から河口までの鳥瞰図が実に緻密に描かれており、解説もついていて、とてもおもしろいのです。眺めているだけでも何か気づきがあるでしょうし、「今度この川を見に行ってみたい」と、社会科への興味が生まれる可能性があります。もちろん、新しい発見につながることもあるでしょう。

とはいえ、大前提として「子どもに何を用意するか」よりも、「子どもにどう接するか」のほうがずっと大事であることは覚えておいてください。

基本的に、子どもは何かを与えなくても日常生活のなかで、いろいろなことに興味をもちます。

最も重要なことは、「なんで?」と言われたときに、その疑問に寄り添うこと。**少なくとも、子どもの気づきを「否定しない」ことは大切にしましょう。**

Check!

▼ **子どもが読みたい本を選び、そこから生まれた気づきを大切にする**

SAPIX式

社会ができる子になる習慣③

子どもの素朴な疑問にどう向き合う？

×

子どもの疑問には、必ず答えをだすべき

○

子どもの疑問全部に答えをだす必要はない。わからなくても一緒に考えて対話する

親が答えをださないことが子どもを伸ばす

2つ前の項目（169ページ）では、散歩や旅行が社会科を身近に感じるために有効な手段だとお伝えしました。しかし、ただ「散歩や旅行に行けばいい」わけではありません。**大切なのは、外にでた際の子どもの気づきを大事にして、親子で会話をすることです。**

小学3〜4年生頃は、つたないながらも自分の体験を消化できる発達段階に差しかかっています。小学1〜2年生のうちは、ほとんどの子は体験の感想が「おもしろかった」「つまらなかった」だけで終わりがちですが、中学年になると「どこがどうおもしろかったのか」「どういうところがつまらなかったのか」を語れるようになります。そういうタイミングだからこそ、視野を広げるアプローチが有効になります。

子どもは外にでるとたくさんのことに疑問をもちます。正直、大人からみると、くだらないと感じることも少なくないでしょう。忙しいときには、「なんでこんなことに引っかかっているの！」とやきもきすることもあるかもしれません。

しかし、自分の子ども時代を思い出して、少しだけ子どもの疑問に付き合ってあげましょう。

子どもの問いに対して、大人が答えをもっていないことも多いですから、「じゃあ、調べに行ってみようよ」「なんでそうなるのか、一緒に考えてみよう」と応えてあげることで、社会科を学ぶうえで大切な「仮説検証する力」（168ページ）が育ちます。

保護者から、「大人が正解を伝えなくてもいいのでしょうか？」と言われることがありますが、**聞かれたことに全部答えてしまうと、子どもは自分の頭で考えなくなります。** 答えを知ると満足してしまい、仮説を立てて検証する力が伸びません。

図書館で調べてみる経験はもちろんいいことですが、そこまでしなくても、もっている知識を駆使して、なんとか解決できないか試行錯誤する経験こそが大切です。

知識を総動員しながら仮説を組み立てた経験は忘れにくく、子どもたちの記憶に定着しやすくなります。ＳＡＰＩＸ小学部の授業でも適度に子どもを「困らせる」問いをよく投げかけて、学びが身につくようにしています。

散歩や旅行に行った際には子どもの発見に耳を傾ける。そして、わからないことは仮説を立てながら親子で一緒に考えてみる。こうした小さなことの繰り返しで、社会科の力が伸びていくのです。

Check!

- **子どもの疑問は大切にする**
- **疑問解決のために自分で考える経験を積ませる**

SAPIX式

社会ができる子になる習慣 ④

お手伝いと勉強、どちら優先？

×

お手伝いよりも勉強の時間を優先させる

○

お手伝いは学びにつながるので
バランスよく取り入れる

身のまわりの「なぜ？」から考えてみる

日常のお手伝いから社会科への視点を養うことができます。

たとえば、買い物に行くと、コンビニやスーパーでの食材の陳列の仕方がどこの店舗でも大体同じであることに気づきませんか？

スーパーだと、入口に野菜売り場があって、その奥に肉や魚が売っているコーナーがあり、真ん中の棚には、お菓子や保存食などが並んでいます。

親子で「なんでこの配置なんだろうね？」と話しながら、店内を観察して陳列の謎に迫る仮説をつくってみるとおもしろいですよ。

「もしかしたら、お客さんが買いやすいのかな？」などと気づきがあるはずです。これは社会科のなかでもとくに経済の分野の視点を養うことにつながります。

ほかにも、「道を挟んで向かい合った位置にコンビニがあるけれど、どうしてつぶれないんだろう」や「なんでこのチョコレートは安くて、こちらは高いんだろう」など、買い物は子どもにとって「なぜ？」の宝庫です。

その疑問に対して「じゃあ、ちょっと考えてみようか」「調べてみる？」と返事をして、仮説を組み立て検証していきます。

【社会ができる子になる習慣③】（178ページ）でも述べましたが、必ずしも答えをだす必要はありません。仮説をつくる過程を楽しむことが社会科の力につながっていきます。**お父さんやお母さんもプレッシャーを感じることなく、ああでもないこうでもないと推測することを楽しんでみてください。**

家のなかでのお手伝いなら、食器運びを子どもの役割にしているご家庭がありますよね。食器の並べ方で「どうしてお茶碗と味噌汁のお椀の位置は決まっているの？」といった疑問が子どもからでたことはありませんか？

こうした気づきも、社会科の学びの一つです。実際にＳＡＰＩＸ小学部に通っている子が「あの配置だと食べにくいんだよね。なんでだろう？」と言って、そこから学習が始まったこともあります。

社会科は回り道こそ、おもしろいのです。あれこれ回り道をすることで、さまざまな事柄を知ることができます。

そして、知れば知るほど、わからないことも増えていきます。それを繰り返すことによって、社会科の学びは深まっていくのです。

Check!

▼**買い物や食器の配膳などのお手伝いから子どもの疑問をすくい上げ、対話を通して答えの仮説を考える**

SAPIX式

社会ができる子になる習慣⑤

頭のいい子に育てるにはどんな会話をするべき？

×

子どもの将来のためになりそうな話をする

○

親の好きなことや経験談を率直に伝える

子どもとの対話にマニュアルはない

ＳＡＰＩＸ小学部に通っている子の保護者から「子どもとの対話が大事なことはわかりますが、どんなことを話せばいいんでしょうか？」と聞かれることがたびたびあります。

しかし、親子の対話における効果的なマニュアル探しをすることは得策ではありません。マニュアル通りに話をするよりも、保護者のオリジナルな体験こそが、一番いい対話の種になります。

お父さんお母さんは、それぞれ多様な経験を積んでいるでしょう。たとえば、好きなものにのめり込んだ時期があったり、音楽・旅行・読書など、いろいろな分野の趣味に手をだした経験があったりするかもしれませんね。

これらの経験は、すべて「教養」です。**保護者が培ってきた教養を子どもに還元する機会が、日常の雑談（対話）です。**

そのため、話の内容はそれぞれのご家庭でまったく異なるはずです。「ためになることを話さなきゃ」「勉強になることを話さなきゃ」と力を入れる必要はありません。

読書が趣味の親であれば、今まで読んでおもしろかった本について、なぜおもしろいと感じたのか、どこがおもしろかったのかについて話せばいいんです。旅行で外国や地方を訪れたことがあるならば、それをもとに話をしてみましょう。もちろん、仕事での体験談でもいいのです。

子どもたちの視界は半径2メートル範囲とむこう2週間で成り立っていると、よく私はお伝えしています。

そのぐらい狭い世界しか見えていませんし、時間の流れを感じることも難しい。大人の視界とは明らかに異なります。

日本と違う国のことや現在と異なる時代のことは想像できません。だからこそ、**大人が体験したことをありのままに話すことで、自分とは異なる立場の視点を学ぶことができます。**

ご自身がどんな体験をしてきたかを思い返し、子どもに話をする時間を設けてみる。その何気ないシーンこそ、社会科で重要な多様な視点を学ぶ時間になるのです。

Check!

▼**子どもに、お父さんやお母さんの仕事・旅行・趣味の話をどんどんする**

SAPIX式

社会ができる子になる習慣⑥

子どもは違う世代の人と交流させたほうがいい?

×

いつも同年代の友だちと遊ばせる

○

多様な年代・地域の人と会話する機会をつくる

異なる世代との交流が視野を広げ、聞く力を育てる

対話をしたほうがいいのは、親子の間だけではありません。

年齢や地域などバックグラウンドが違う人と対話する経験がとても大切です。これは、2つの意味で学びの効果があります。

一つは子どもの視野が広がること。

おじいちゃんやおばあちゃんの時代の常識と今の子どもたちの時代の常識とは明らかに違います。

リアルタイムに昭和を経験してきた人と、教科書でしか昭和を知らない人とでは感覚が違うので、話をするだけでも視点が変わったり視野が広がったりしていきます。

もう一つは、話を聞く姿勢が身につくこと。

2020年頃からコロナ禍になり、明らかに話を聞くことが苦手な子が増えました。

SAPIX小学部でも、大事な話をしているときにほかのことを始めたり、水を飲みに行ってしまったりする子がいます。

きちんと聞き取る力が育たなければ、社会科に限らず勉強全般で苦戦してしまいます。

小学校高学年になって本格的な勉強期間に入る前に、人の話を聞く姿勢を身につけておくことはとても重要です。

同学年の子どもたちは同じ環境下で過ごしているので、同級生と比較したとしても、この違いに気づくことはないかもしれません。

しかし、社会にでたら違う世代の人と交流をしていきます。そうなったとき、困りはしないだろうか……と今から心配になってしまいます。

少し話題がそれましたが、自分が育ってきた環境とは異なる背景をもつ人と交流することは、子どもの視野を広げることに役立ちます。

そして、他者と話して「聞く力」を養うことは、勉強をするうえで欠かせません。

多様な世代と交流をもつ機会は減ってきていますが、地域の行事やボランティア活動を見つけたら子どもを誘って参加してみましょう。感染症に配慮をしつつ、できる範囲でさまざまな人と子どもが交流できる機会を設けられるといいですね。

Check!

▼**地域の行事やボランティア活動に参加して多様な世代と触れ合う機会をつくる**

SAPIX式

社会ができる子になる習慣⑦

子どもが夢中になっていたら？役に立ちそうもないことに

×

勉強をするようにうながす

○

「どんなところが楽しいの？」と尋ねる

何かに没頭する経験こそ、今後の糧になる

子どもは好きなことには、勝手に没頭します。ある路線の全駅名を覚えている子や、やたらと長い昆虫の名前をそらんじられる子、全ポケモンを暗記している子など、大人がびっくりするようなことを記憶している子はたくさんいます。

大人の立場からすると「何の役にも立たないことばかり覚えて無駄じゃないかしら？」と心配になることがあるかもしれません。しかし、どんなことでものめり込む体験こそが重要です。とことん突き詰めた経験が、この先、ものをいいます。

何かに夢中になると、自分で調べたり理解しようとしたりします。**社会科の勉強には、楽しいからどんどん調べて詳しくなっていくという姿勢が欠かせません。**

自分が興味をもったことを調べ、新たなことを知り、その知識をほかの学びにも活かしていく……この繰り返しが社会科です。

現代は、親子ともにインターネット世代。検索すれば、それらしい攻略法がすぐに見つかります。ここ5年ほど、すぐに答えを求める子が増えていると感じますが、これはインターネットの影響ではないでしょうか。

さらにもう少し長いスパンでとらえると、**この10年ほどで子どもにはなるべく最短距離を走らせて、目標を達成させようとする保護者が増えています。**インターネットなどで、成功に導く情報を探して「うまくやろう」とする傾向が年々強くなっているのです。

先回りして保護者が答えを与えてしまえば、子どもはそのレールに沿って走り、先を進んでいるようにみえます。しかし、足腰が弱いので、自分で努力してやり抜く「最後の壁」を越える力がでません。これまで、最短距離を走って足腰の弱くなる学習をした結果、最後に泥臭く地道に学んできた子に抜かれる子を多くみてきました。

社会科は、最短距離を進むことでうまくいく学びではありません。一見、遠回りにみえることこそが大切なのです。**自分で思考して答えを導いていく粘り強さがなければ、ゆくゆくは太刀打ちできなくなります。**

社会にでても、すぐに攻略法が見つかるような問いばかりではないでしょう。そのため、何かにのめり込んで自ら知識を得て考える体験は、子どもにとって非常に大切です。

だから、子どもが夢中になっているものがあれば「今はこれがブームなんだね！　どんなところが楽しいの？」と見守ってあげましょう。長いスパンで考えると、それが子どもの学びの基礎力になります。

Check!

▼ **一見遠回りにみえることで力がつく。子どもが好きなことに没頭する体験は大事にする**

SAPIX式

社会ができる子になる習慣⑧

子どもが突飛《とっぴ》な解答をしたら？

×

「そんなワケないでしょ」と笑う

○

突飛な答えになった理由を聞く

子どもの考えは否定しない

子どもは学習のなかで、たくさんのユニークな疑問をもちます。

たとえば、SAPIXの4年生の授業で、二毛作の学習に入る際のこと。日本の耕地が狭いことについては前の週に教えていたので、「では、その狭い土地で収入を増やすにはどうすればいいんだろう？」と子どもたちに問いました。すると、ある子が「畑を2階建てにします」と言ったんです。これに対して、一同ザワつきました。

ここで、「そんなことできるわけないだろう」と終わらせないことがコツです。

ちょっと突っ込んで、「2階はいいとして、1階部分はどうするの？　日が当たらないよ」と言うと、ほかの子が「明かりをつければいいんじゃない？」と返し、別の子が「でも、太陽光と照明では違うよね？」と議論が始まりました。

そして、理科の得意な子が「いろいろな電球があるから太陽光のような照明もつくれるはずだ」と言いました。実際に、屋内の野菜工場はありますよね？

このように、子どもたちは否定をしなければ自分たちで学びを広げ、深めていくことができるのです。

一見突飛なことに思えても、「なんでそう考えたの？　教えて」と思考をうながしていくことは、探究心を育てることにつながっていきます。

一つの物事から、多様な知識が広がり、思考も深まっていく。その思考力が、社会科の力を底上げしていきます。

Check!

▼子どもの意見は否定せずに、「なんでそう考えたの？」と思考をうながす

SAPIX式

社会ができる子になる習慣⑨

時事に興味をもたせるには？

△ テレビのニュース番組を見せる

○ ニュースをもとに親子で会話する

立場が違えば考え方が違うことを話し合う

ニュースを見ることは、時事をつかむうえで有効なツールです。

子どもによって発達段階に差はありますが、中学年から高学年にかけての年代においては、世の中で起こっていることをなんとなく理解できるようになっていきます。

しかし、単にニュースを見ているだけでは、子どもはほとんど興味をもちません。**ニュースと子どもの実体験とを紐づける会話を、家庭で実践していくことが大切です。**

最近では連日、物価の上昇についてのニュースが流れるようになりました。こうしたニュースをもとに、親子で話す時間をつくってみましょう。

たとえば、「卵が値上がりしちゃってさ」とつぶやき、「なんで値上がりしたのかな？」と、その背景を子どもとあれこれ探っていくのです。値上がりの理由としては、世界の情勢であったり、為替の変動であったりといったことが紐づいてくるはずです。

加えて、SAPIX小学部では「反対の立場からみると○○だね」「世の中の出来事は、こういうふうにつながっているんだね」といった多面的な見方をうながしています。

少し難易度は上がりますが、家庭でも一つの事象をいろいろな角度からみる話ができると、より子どもの理解が深まっていくでしょう。

先ほどの物価上昇の話題であれば、消費者目線だけでなく、「スーパーで働く人たちは何を思っているのかな?」「店頭に並ぶまでに、どこでどんな費用がかかっているんだろう?」などと考えてみてください。

ただ、ニュースをもとにした会話をする際に注意したいのは、特定のバイアスをもって子どもに伝えないことです。保護者が偏った考えしか話さなければ、子どもにもそのバイアスが植えつけられてしまいます。

これは、親が自分の意見を言うべきではないという意味ではありません。たとえば、

「私はこう考えているんだよね。でも、こういうことを言う人もいてさ。その理由はこうなんだよ」といった伝え方ができるとベストです。

世の中にはいろいろな考え方がある。そして、立場が違えば見え方がまったく変わります。ニュースをもとにした対話で、視点を広げるおもしろさと大切さを子どもに伝えていけるといいでしょう。

Check!

▼**ニュースは、子どもの生活と結びつける工夫を**

▼**さまざまな立場の人の目線に立って、一つのニュースについて話す**

SAPIX式

社会ができる子になる習慣⑩

子どもが言葉を省略して話してきたら？

×

言いたいことはなんとなくわかるので、理解してあげる

○

言いたいことがわかっても、ときどきわからないフリをする

わからないフリで子どもの伝える力を鍛える

子どもは、「大人が自分に合わせてくれるもの」とわかっているので、表現をどんどん省略しようとします。

夕飯を食べたいことを、「ごはん」とだけ言ったり、カギを取ってほしいのに「カギ」と単語だけで伝えようとしたり。

小さい頃は、それを察して周囲の大人が面倒をみてあげることも必要でした。発達段階的に未熟な時点では、論理的に文章を組み立てて表現することが難しいからです。

しかし、**小学校中学年くらいになったら、ある程度論理立てて、相手に意図を伝えられるようになる必要があります。**そのため、SAPIX小学部の社会科の授業でも、単語だけで答えてきた場合には、「それがつまりなんなの？」と尋ねています。

親子の間柄では、とくに子どもは甘えるものです。「わかってくれる」という前提でコミュニケーションを取ります。それを、あえて「わかってあげない」ことで、子どもの表現力を鍛えてみましょう。

先ほどの例だと、「ごはん」「カギ」とだけ子どもに言われたら、「ごはんがどうしたの？」「カギが何かあった？」「それじゃ、よくわかんないよー」と問いかけます。子どもが明らかに甘えて省略していたら、ときどきそこを突っ込んでみましょう。

知識があることと、それをきちんと相手に伝えられることは別物。知識を表現する力をつけることは、成績の面でも、実生活の面でもとても重要なことです。

また、相手が理解できるように伝えようと努力することは、考える力も養います。どうすればわかってくれるか筋道を立てて考えるようになるからです。この考える力は、社会科だけでなく、すべての教科を下支えするものです。

知識がついてきたあとには、表現力や考える力にもつなげていく問いかけをする。これを続けていくと、少しずつですが、きちんと考えて表現できる子どもに成長していきます。

Check!

▼子どもが表現を省略していたら、何が言いたいのかを聞き返す

Column

中学入試「社会」のトレンド

中学入試の社会科では、社会課題や子どもたちの生活にもとづいた問題がだされます。あらゆることが題材になるので、多様な見方があるようなデリケートな問題についても「子どもは知らなくていい」と臭いものにふたをしてはいけません。

高学年になる頃には、社会の不都合さや不条理さを直視し、考えさせていくことも大事になるのです。

具体的には、次の3つのトピックスが中学入試で頻出します。

①現代の社会課題をテーマにした問題

社会課題を取り上げる問題は多くだされます。たとえば、メディアリテラシーについて。情報化社会において、情報に振り回されずに使いこなすにはどうすればいいのかが、メインテーマとなってきます。

具体的には「歴史資料はたくさんありますが、そのなかで個人の日記を扱うときには、どんな注意が必要か」という問題が出題されたことがありました。

「情報をそのまま信じ込むのは危険」という視点をもちながら、情報をもとに分析できるかが問われます。

②社会的自立をうながす問題

ここ1~2年、コロナ禍で浮き彫りになった格差について問う私立中学校が増えました。これは「現代社会の実状に目を向けられる子に入学してほしい」という学校側の意図を示しています。ほかにも、ＬＧＢＴＱをテーマにするなど、切り込んだ問題をだす学校もあります。

このような出題傾向は、18歳で選挙権が得られるようになってからとくに目立

ちます。中学1年生は6年後には、主権者として1票を投じなければいけません。子どもたちに、社会的自立をうながしたいというメッセージが含まれているのではないでしょうか。

③自分なりの論理を組み立てる問題

「ランドセルのよい点は何か」といった問題が社会科でだされたことがあります。ランドセルは、小学生にとって身近ですよね。**この模範解答は「両手が空いているから、転んだときに手をつける」などですが、ここでみられている力は、「自分なりの論理立てができる」ことです。**

この問題を授業で取り上げると、子どもたちから「不審者につかまれても『脱皮』できる。肩掛けかばんだと、かばんを外すために2回動作が必要だけどランドセルなら1回ですむ」という案がだされました。理にかなっていますよね。

この記述問題では、出題側も多様な解答がでることを想定しています。大人の考える正解以外でも、採点者が納得すればマルになるでしょう。つまり、大事なことは自分なりの論理を組み立てる力なのです。

第5章

理科

ができる子になる

習慣

親自身の「好き」や興味関心を子どもと共有する

皆さんは、自然や科学の不思議に興味があるでしょうか？
珍しい植物につい足を止めて見入ってしまう、宇宙についてのドキュメンタリーは時間を忘れて観てしまう、科学館は子どもよりも楽しんでいる。そんな好奇心のある保護者は、子どもと一緒に理科を楽しむことができます。

理科に限ったことではありませんが、そもそも自分が興味のないことを他者にすすめても、なかなかうまくはいかないものですよね。

保護者の「おもしろい！」という思いが、子どもが理科好きになるきっかけになります。

ＳＡＰＩＸ小学部で理科を教えている森本洋一先生は、「理科が好きな子を育てたいならば、まずはお父さんお母さんが理科に興味をもつことが大事」と言います。

たしかに、一番身近で大好きなお父さんお母さんが興味をもっているものであれば、子どもも一緒に覗き込みたくなるものでしょう。

しかし、大人は日々の忙しさのなかで、自分が何に関心をもっているのかを忘れてしまっているかもしれません。

まずは少し立ち止まって、自分の興味に目を向けてみてはいかがでしょうか。

「自然が好きだからキャンプが楽しいかもしれない」「そういえば星が好きだった。久しぶりにプラネタリウムに行ってみたいな」と気づくこともあるでしょう。こうした「好き」を子どもと共有していくことが学びの第一歩となります。

理科に興味をもつと「気づき」が増える

理科に興味をもつと、いつもの体験をあらゆる角度から楽しめます。

たとえば、旅行に行ったときに、「こんな木は見たことないな！」「なんて星がきれいなんだろう！」「雪の質が全然違う！」などの気づきが増え、その一つ一つが自分のなかに蓄積されていき、世界をみる目がどんどん磨かれていくのです。

すべての教科でいえることでもありますが、学びは机上で終わるものではありません。とくに理科は、体験の解像度を上げる学びだといえます。一つの体験に対して、「この自然界の仕組みをこんなことに役立てられないかな？」と発展的に考えられるようになったり、「海外で地震が起きたけれど、自分が住んでいる場所は大丈夫かな？　調べてみよう」と知識を応用させて安全を確保する方法を検討したりすることができます。

体験を深め、広げることが理科の学びです。

小学生の間は、親子で一緒に遠出をしたり公園へ行ったりと多くの経験を積める貴重な時期です。子どもと一緒に「体験する」ことを楽しんでください。

第5章では、理科を学ぶことで育まれる力や、理科を楽しめる子どもにするためにどうアプローチすればいいのかを森本先生にお伺いしていきます。

理科を学ぶことで育つ力

理科ができる子は大人になると、
どんな力を発揮するでしょうか。
「なぜこうなるの？」と思い、
その理由を突き詰めることが理科の土台です。
この疑問を追究する力は、
社会にでたときに課題に立ち向かうための
大変重要な能力になります。

能力1

論理的に物事を解き明かす力

「理《ことわり》」の「科目」で、「理科」と書きます。**字面の通り、物事の「理」を解き明かしていく教科が理科です。**

理科の学びを深めていくには、国語的な読解力がなければいけませんし、算数の計算力も必要になります。また、社会科の知識と組み合わせて考えを深めていくこともあるでしょう。

つまり理科では、あらゆる教科で学んだことを統合して使う必要があるのです。そして、各教科で培った力を活用することで、論理的に物事の「理」を解き明かしていくことができます。

☆能力2 好奇心と探究心

理科を学ぶことで好奇心と探究心が育ちますが、そもそも好奇心と探究心がなければ理科の学びは深まりません。

好奇心と探究心は理科の基礎でありながら、理科の学びのなかで最も伸ばすことができる資質・能力でもあるのです。

理科の学びは、まず子どもの好奇心をくすぐることからスタートします。そして興味関心に火がついたら、探究できる環境を整備していく。

これを繰り返すことで、子どもの好奇心はどんどん広がっていき、探究する力も高まっていくのです。

SAPIX式

理科ができる子になる習慣①

理科に興味をもたせるには？

×

「お勉強モード」で散歩をする

○

親子で楽しみながら散歩をする

子どもに興味を押しつけるのはＮＧ

自然と触れ合うことは、理科への興味関心を深めることにぴったりです。たとえば、自宅のまわりを散歩するだけでもたくさんの発見があります。

桜の花が咲いているのか、紅葉が見られるのか、金木犀《きんもくせい》の香りが漂っているのか……、季節に応じて発見できるものは違うでしょう。

草むらには「どんな虫がいるのか」、池や川があれば「どんな水棲生物がいるんだろう」と観察をしてみてください。

その際に、お父さんお母さんが「子どもに勉強させよう」と思って接することはやめましょう。**「あれ見に行かない？」と友だちと連れ立って散歩に行くような感覚で、子どもと一緒に出かけられるといいですね。**

勉強モードの体験にすると、「発見したものを図鑑で調べてノートにメモを取って……」と力が入ってしまいます。型にはまった「お勉強モード」になる必要はありません。

最近では、スマホのアプリで簡単に植物や生物の名前を調べることができます。調べる際にも、子どもに「調べてみなさい」ではなく、「ねえ？　これはなんだと思う？おもしろい形の植物だよね」とまずはお父さんお母さんが興味をもつことが大切です。親が関心を示すと、子どもも少しずつですが興味を抱くようになります。

ほかにも、スマホで植物の写真を撮って調べてみてもいいですし、撮った写真をプリントアウトして飾ったり、お花を摘んで押し花にしたりするのも楽しいですね。「こうしなければいけない」というルールは決してないので、身の回りの自然を使って遊ぶ方法をいろいろと試してみてください。

子どもに「お父さん、楽しそうだな」「お母さん、夢中になっているな」と思わせた

らしめたもの。そのタイミングを逃さずに、「一緒にやってみる？」と声をかけます。

また、子どもからの「どうしてこうなるの？」「これは何？」といった疑問も大事にしてください。**「なんでそうなるか」を考える経験が、理科の視点を養うために重要だからです。**

「考えたけれどわからない」、あるいは「考えて調べたけれどもわからない」ということがあってもまったく問題ありません。

親子で一緒に体験を積み重ねていくことで、子どもたちは少しずつ理科への興味を深めていきます。

Check!

▼**お父さんお母さんが自然に興味をもって楽しむ**

SAPIX式

理科ができる子になる習慣②

博物館や科学館などのミュージアムへ行くべき?

×

子どもの学びになりそうなミュージアムへ行く

○

自分(保護者)が興味のあるミュージアムへ行く

子どもと一緒に「準備」すると学び効果アップ

親子で博物館や科学館などのミュージアムへ行くことも、理科に興味をもつきっかけになります。ただ、ここでも大事なことは、まずはお父さんとお母さんがミュージアムでの展示内容に興味をもつことです。

「お母さん、この企画展に興味があるんだけれど付き合ってくれない？」と子どもを誘ってみましょう。**大人が興味を抱けないものを、子どもに押しつけるのは逆効果です。**

博物館や科学館に行く際には、事前に興味関心を抱ける準備をしましょう。「予習」だと考えると身構えてしまいますが、遊びに行く予定の博物館のホームページを眺めたり、「どこに興味をもったのか」を保護者が話したりするだけでも子どもの関心が違ってきます。関連する絵本や図鑑を眺めてみるのもいいですね。

事前に準備をしておくと、実際に足を運んだ際に印象に残りやすくなります。

ただ、実際に行ってみると、子どもは博物館や科学館を全然楽しめないかもしれません。ときにはそんな子どもの姿をみて、「好きだと思ったのになー」とがっかりしてしまうこともあるでしょう。

しかし、子どもとはそういうものです。発達段階に合わなかったのかもしれません。し、まだ興味につながるほどの知識を子どもがもっていなかったのかもしれません。だから、そこまで重く受け止めず、「まあ、私が楽しかったからいいか」「もう少し大きくなったら、もう1回行ってみようかな」くらいの気持ちでとらえられるといいですね。そういった意味でも、まずは大人が楽しむことが大事なのです。

遠い場所にあるミュージアムの場合には、何度も足を運ぶことは難しいかもしれませんが、可能であれば、同じミュージアムへ何回か行ってみるのがおすすめです。そのほうが、子どもの印象に残りやすくなります。

博物館や科学館に1回行っただけで、すぐに結果を求めるのはよくありません。初回のタイミングでは、「何かおもしろいことないかな」と探しに行くくらいの気持ちで見学してみましょう。

Check!

▼ミュージアムに行く際には簡単な事前準備をして、複数回足を運ぶ

SAPIX式

理科ができる子になる習慣③

理科に関係する本や図鑑をどうやって読ませる？

△

自分（保護者）は読んでいない本や図鑑を子どもにすすめる

○

子どもが理科に興味がなくても本や図鑑を家に置いておく

テレビや本で理科への好奇心につながる環境をつくる

正直なところ、何が子どもの理科への関心をくすぐるかはわかりません。そのため、大切なことは理科につながる仕掛けを散りばめた環境をつくることです。

たとえば、自然科学系のニュースやドキュメンタリー番組を観ながら、ご家庭で話してみるのもいいでしょう。

環境問題は学校でもよく取り上げられ、入試問題にも頻出します。また、世界では若い環境活動家が登場し、子どもたちの関心が向きやすいトピックでもあります。

また、動物のドキュメンタリーや宇宙についての特集などもテレビでよく放映されていますよね。一緒に楽しみながら、「どこがおもしろかった？」「じゃあ、調べてみようか？」「お母さんはここが印象に残ったな」とコミュニケーションを取ってみてください。

ほかにも、子どもが手に取れるところに図鑑を置いておいて、「調べたいな」と思ったときにさっと開けるようにしておくといいですね。

理科に関係する本を図書館で借りてきて、家に置いておくのも一つの手です。お父さんお母さんが読んで、「ねえ！　これ、とってもおもしろかったよ！」と伝えれば、子どもは多かれ少なかれ関心を向けるはずです。

本をすすめる際に注意したいのは、保護者がその本を読んでおくことです。すすめた本に関する話題を共有できないと、子どもが関心をもちにくいでしょう。

家庭で理科に関係する事柄に触れる機会が多いほうが、子どもが理科の分野に関心をもつ可能性が高まるのは事実です。

とはいえ、なかにはまったく興味が向かない子もいるでしょう。関心のなさそうな子も、何がきっかけになって理科が好きになるかはわかりません。あきらめずにいろいろなトライをしてみてください。

何度かお話ししてきましたが、**興味関心はすぐに育つものではないことを念頭に置**

いておきましょう。もしかしたら、興味がでるタイミングがちょっとズレていただけかもしれません。

中長期のスパンで考えて、子どもがさまざまな事柄に触れ、考えられるような家庭環境をつくっていきましょう。

Check!

▼**自然科学系のテレビ番組を観たあとに話をする**
▼**図鑑を手に取りやすいところに置いて、いつでも調べられる環境をつくる**

SAPIX式

理科ができる子になる習慣④

植物や動物に興味をもたせるには？

×

植物や動物のお世話を子どもにまかせきりにする

○

植物を置いたり動物を飼ったりすることを保護者が楽しむ

昆虫を捕まえて数日間飼ってみる方法も

家族で植物を育てたり動物を飼ってみたりすることも、理科への好奇心を育むきっかけになります。

その際、**子どもに植物や動物のお世話をすべてまかせきりにしてしまうと、子どもにとって「面倒くさいこと」になってしまいかねません。**

やはりここでも、お父さんお母さんが楽しんで動物を育てたり植物の成長を観察したりする姿をみせるのが大切です。

気軽に自宅に置けるのは植物なので、ぜひトライしてみてください。「新しい芽ができたね」「かわいい蕾ができた」などと観察しましょう。

もしくは、家庭菜園もいいですね。育てた野菜を食卓に並べて、お父さんお母さんが「おいしいね！　これはうまくできた！」と喜んでいたら、子どもも興味をもつはず。子どもが「今度は一緒にやってみたい」と思える保護者の振る舞いが大事です。

また、動物を飼いたい気持ちはあるものの、ペットとして犬や猫を飼うのが難しいご家庭も多いでしょう。

その場合には、自宅周辺で昆虫などを捕まえて、数日から1週間飼って観察してみる方法もあります。「あとで、もとの場所に返してあげようね」という約束をして、子どもと一緒に生物と過ごす時間を楽しんでみましょう。

ただし、外来種は捕まえて飼ってはいけないものもあるので注意してください。事前に調べておきましょう。

植物や動物と一緒に暮らすことで、生物がずっと身近な存在になります。

虫を観察していると、「何を食べるかな？」「水はどのくらい必要だろう？」「葉や土も入れたほうがいいかな？」「虫も寝るのかな？」「元気がない原因はなんだろう？」などたくさんの疑問が生まれます。

そうした**気づきや疑問をすくい上げていくことが、理科が好きになる種をまくことにつながっていく**のです。

Check!

▼親子で植物を育てたり、家庭菜園をしたりすることを楽しむ

▼昆虫を捕まえて数日飼い、親子で観察する

SAPIX式

理科ができる子になる習慣⑤

生物や化学分野の学びを身近に感じさせるには？

×

料理などのお手伝いは極力させない

○

月に2回ぐらい「料理デー」をつくり、子どもと一緒に料理を楽しむ

中学入試では料理に関する問題が頻出する

子どもと一緒に家事をする機会はありますか？

最近ではキッチンに立ったことがない子が増えてきました。子どもの仕事は勉強と遊びだけと決めてしまって、お手伝いをする時間が減っているのかもしれません。

料理を手伝う機会がないと、キッチンに置いてあるものを知らないままになってしまいます。

たとえば「みりん」の存在を知らない子は、少なくありません。何に使うもので、どんな味がして、どのような効果があるのか。料理をしていれば自然に学んでいくことも、現代の子どもたちは知る機会が少なくなっています。

お手伝いには、たくさんの学びがあります。洗濯をする際には、いろいろな種類の洗剤を使い分けていますよね。漂白剤や中性、アルカリ性、合成界面活性剤不使用のものなど、それぞれ仕組みや用途が違います。たとえば、「アルカリ性の洗剤は、どうして○○の効果が期待できるのか」という視点は、まさに理科そのものです。

家事のなかでも料理は、理科の生物分野や化学分野などと非常に深い関わりがあります。そのため、料理は理科に興味をもったり知識を広げたりするのにうってつけの体験です。

ただ、毎日子どもと一緒に料理をすることは難しいですよね。そこで、たとえば「今日は料理デーだ！」と月に2回ぐらいのイベントにして実施してみてはいかがでしょうか。1品だけ「チャレンジ料理」として子どもと一緒につくるのもおもしろいでしょう。

家事をイベント化することで、子どもは特別感を覚え、忘れがたい経験になるという効果があります。

中学入試においても料理の問題は頻出します。

鮭の切り身が、鮭全体のどの部位に当たるのかを問う問題、料理後の野菜の状態とスーパーで販売されている加工前の野菜とを紐づける問題、旬の食材を答える問題など、多様な出題がなされます。加工や調理済みの状態しか見たことがない子どもは、こうした問題に太刀打ちできません。

コロナ禍になり、子どもと一緒にスーパーへ足を運ぶのが難しい時期がありました。毎回でなくてもいいので、**子どもが食品の売られている状態をスーパーで見る機会を設けてあげるのもいいですね。**その際、旬の食材なども確認することができます。

Check!

▼**子どもと一緒に料理、買い物、洗濯などに取り組むことで理科への学びを深める**

SAPIX式

理科ができる子になる習慣⑥

お手伝い中のサポートは
どのぐらい必要？

×

子どもが手助けを求めていないのに
アドバイスをする

○

基本的にお手伝い中は
子どもにまかせて放っておく

子どもの試行錯誤や楽しい気持ちを邪魔しない

子どもは元来、自分なりの疑問をもち、追究していきたいという思いをもっています。

理科への興味をうながそうと、料理などのお手伝いをお願いしているとき、保護者としては「こうしたほうが早くできるよ」「こうすればうまくいくよ」と思うことがたくさんあるでしょう。しかし、すぐに手をだしてしまうと、子どもは自分で試行錯誤しなくなり、探究心が育たなくなります。それに、親にやってもらうと楽しさも半減してしまいますよね。

大人の接し方としては、子どもから何か要望があったときにだけ応えていくことが大切です。

もちろん、危険なことに対しては止めなければいけませんが、それ以外のことはある程度大目にみてください。失敗したとしても、それが印象に残り、次なる学びにつながります。失敗も大事な学びです。

前述しましたが、理科を好きになっていくことは、長期スパンで考えなくてはなりません。当然、忍耐も必要ですし、大変なときもあるでしょう。

だから、少し気を抜いて。

お父さんお母さんが**子どもに何かをしてあげるというよりは、近くで見守ってあげるだけ**と考えておいてください。ある程度放っておいてあげるほうが、子どもの好奇心や追究したいという気持ちが高まります。

Check!

▼**子どもからヘルプを求められるまで余計な手だしをせずに見守る**

SAPIX式

理科ができる子になる習慣 ⑦

理科を得意にするには?

×

理科に興味をもたせる体験の機会をつくったことで満足

○

理科に興味をもたせる体験ででた子どもの気づきや疑問を褒める

気づきを褒めて、子どもの記憶に定着させる

理科の視点を養うことは一朝一夕にはいきません。「これをやれば100%理科が得意になる」ということはなく、どの子どもにも効く万能な方法もありません。

理科では、とにかく疑問をたくさんもつことが重要なポイントです。

これまで、理科への興味をうながす方法として、散歩やミュージアムへの訪問、動植物の世話などの取り組みをお伝えしました。しかし、それらの体験をただ用意すればいいというわけではありません。

大事なことは、「何でだろう?」と疑問をもちながら経験させることです。ただ体験するだけで、何の感動もなければ、「ふーん。そうなんだ」とその場で思うだけで、記憶に定着しません。

子どもの疑問をくみ上げたり、保護者の感動ポイントをシェアしたりなど、親子で

対話のある体験にしていきましょう。そのような接し方をすることで、子どもは理科への関心を広げていくことができます。

感動体験にするために、特に効果的なのが褒めること。「いい視点だね！」「よく気づいたね！」「細かいところまで観察しているね。お母さん気づかなかったわ！」といった言葉を子どもに投げかけていくと、得意な気持ちが芽生えていきます。

好きなものと得意なものとでは厳密には異なりますが、やはり得意なものは好きになりやすく、好きなものは得意になりやすいものです。

また、体験は一度きりでよいというわけではありません。【理科ができる子になる習慣②】（224ページ）でも、ミュージアムは同じところに何度も行くといい、とお伝えしましたが、**理科を好きになる働きかけ全般を半年や1年以上は続けていくことが大切です。**

「同じ経験を何度もさせられない」というケースもあるでしょう。その場合には、何かを体験した2週間後や1ヶ月後に、再度思い出すように投げかけてみましょう。「そういえば、○○博物館で恐竜を見たね。海を泳ぐ恐竜もいたよね」といったように、子どもが記憶をたどれるように問いかけてみてください。

投げかけていくことで何度も繰り返し想起することになり、子どもの記憶に定着していきます。

Check!

- ▼感動体験になるように子どもと対話をしたり、「よく気づいたね」などと褒めたりする
- ▼2週間～1ヶ月後に、子どもが体験したことを思い出すように問いかける

Column

中学入試「理科」のトレンド

中学入試における理科の位置づけは、現在の保護者が受験した頃とは大きく変わっています。以前は、「理科は半年あれば挽回できる」といわれていたのですが、近年の問題の傾向から考えると、短期間集中で勉強をすることは得策ではありません。

小学校低学年・中学年で理科に関心をもち、長期戦で理科を学ぶ土壌をつくっていくことが大切になるのです。ここでは、最近の中学入試の大きな傾向として3つ挙げます。

①身のまわりの問題

【理科ができる子になる習慣⑤】（236ページ）でも挙げましたが、**料理や洗濯など子どもたちの生活に密着した問題がより多くの学校で出題されるようになりました。**

お手伝いの内容以外にも、「カイロは、どうして温かくなるか」など身近なものの仕組みを考える問題もだされています。

日々の暮らしのなかから疑問をもち、それを考えたり調べたりすることが、入試問題に立ち向かう力となります。

②じっくり読み取る問題

文章とグラフや表などがセットになり、それを読み取って解答を求める問題もよく出題されます。

大人であれば、「文章をじっくり読むんだな」「グラフや表を活用するんだろうな」といったことを予測して問題に挑むことができます。しかし、子どもにはそれが難しいのです。ＳＡＰＩＸ小学部に通う子でも、「この問題文は読んだ？」と聞くと、「読むんですか？」と返ってきたりします。

問題文の読み方の指導などは塾でできますが、その前の段階にある**「わからないものに対して疑問をもって理解しようとする姿勢」**や、**「知識と知識を組み合わせる経験」がないと、いくら問題文の読み取り方を習っても、手こずることに**なるでしょう。

こうした問題に挑むにあたっても、【理科ができる子になる習慣】でお伝えしたような、苦労をして試行錯誤する経験が重要になってきます。

③時事問題

理科でも時事問題は頻出です。最近では、地球温暖化や気候変動などの環境変化とSDGsに関わるテーマの問題が増えています。

これらの問題は、いきなり「お勉強」として提示されるととっつきにくいものです。**ニュースを見て家族で話し合うなど、長いスパンで子どもが身近に感じられるような働きかけができるといいですね。**

第6章

中学受験との向き合い方

今の中学受験は、暗記だけでは突破できない

最後の章では、「中学受験への向き合い方」をお伝えしていきます。中学受験を考えているご家庭は、ぜひ本章を参考にしてみてください。中学受験を考えていないご家庭も、「想像と違った！」「最近の中学受験はこうなのか」と発見があるかもしれません。

本書の冒頭でも紹介しましたが、ＳＡＰＩＸ小学部は首都圏を中心に難関中学校への高い合格率を誇る進学塾です。中学受験の最近の変化などについて、ＳＡＰＩＸ ＹＯＺＥＭＩ ＧＲＯＵＰ共同代表の髙宮敏郎さんとＳＡＰＩＸ小学部広報企画部の広野雅明さんに改めてお話を聞きました。

お2人が口をそろえて言うのは、**「現在の中学受験は、知識偏重では太刀打ちできません。知識を応用したり活用したりする力が欠かせないのです」**ということで

す。

たとえば、子どもたちが嫌いな概念である「円安・円高」の勉強があります。丸暗記しようとすると、大抵逆に覚えてしまいます。

そこで、「円が安くなることは、逆にいえば外国の通貨が高くなることだよね。それは外国の人からみるとどう？」と投げかけて、子どもたちに考えさせるような授業を行っているといいます。そうすることで、生きた知識が次から次へとつながっていく効果があるそうです。

現在の小学生の親世代の中学受験では、「円安について正しく書かれているものを選びなさい」といった問題や、歴史でいえば年号や人名を書かせる問題などがでていました。覚えることが目的となり、暗記していれば解答できる問題が多かったのです。

しかし、現在はその風潮は大きく変わっています。

そこで、この章では**中学受験知識のアップデート**を図っていきます。

SAPIX式

中学受験との向き合い方①

親の受験体験は活きる？

×

「私の受験のときは……」と子どもにアドバイスをする

○

まっさらな気持ちで子どもと一緒に中学受験に向き合う

受験の思い出を美化していないですか？

ＳＡＰＩＸ小学部に通う子どもの保護者のなかには、自分の受験時代と比較して、子どもが「できていない」と考える保護者は少なからずいます。

ここで立ち止まって考えてほしいのですが、お父さんお母さんが最後に受験をしたのはいつのことでしょうか？

大学受験でしょうか？

高校受験でしょうか？

いずれにしても、中学受験と高校受験・大学受験とでは、子どもの発達段階に大きな差があります。それに付随して、保護者の関わり方もまったく変わるものです。

たとえば、「私は親に勉強しなさいと言われなくても真面目にコツコツ勉強して、志望大学に受かった」とおっしゃっているケースがあります。しかし、その高校3年生だった頃の記憶をもとに、小学生の子どもに向き合うのは酷《こく》というものです。

子どもだって、大学受験のときには同じ程度に自立して勉強に向かうでしょう。

「いえ、私は自分の中学受験の記憶で接しています」という保護者もいるかもしれません。しかし、やや辛口かもしれませんが、思い出とは美化されるものです。また、時代が異なり、問題の傾向や勉強の仕方も変わってきているので、比較自体あまり意味がないことだといえます。


この章の冒頭でも触れましたが、親世代の中学受験では、とにかく暗記して覚えることに重点を置かれることが多かったのです。しかし、今は考える力を試される問題が増えています。この点でも、親世代の知識や経験がそのまま活かせるものではないと考えたほうがよいでしょう。

それよりは、**まっさらな気持ちで子どもと一緒に学んでいく心構えでいたほうが、親子双方にとって利点がある**といえるでしょう。

Check!

▼親世代の受験体験は参考にならない。
一度忘れて、子どもと向き合う

SAPIX式

中学受験との向き合い方②

のんびりしている子は、中学受験に向いていない？

×

「この子には向いていない」と親が先回りして決める

○

子どもが「やってみたい」なら挑戦する

受験への向き不向きの判断は一度トライしてから

中学受験はチャレンジしてみないとわからないことが多くあります。「うちの子はのんびりしているから中学受験は向いていないんじゃないかと思うんです」と相談されることもありますが、正直なところその答えは誰にもわかりません。挑戦してみなければわからないのです。

水泳が得意か苦手かは、泳いでみないとわかりませんよね？
上手に音程が取れるかは、歌ってみないとわかりませんよね？
受験勉強もそれと同じです。勉強をしてみたら、飲み込みが早かった、また、切磋琢磨する環境を実は楽しめるタイプだったということは往々にしてあります。

保護者が子どもについてよく理解していることは事実ですが、すべてがわかっているわけではありません。親子でまったく違う特性をもっていることもあるでしょう。お父さんお母さんのモノサシで測ってしまうのがもったいないケースも多いのです。受験に挑戦する前からストップをかけてしまっては、子どもの可能性をつぶしてしまうことになります。

そして、**中学受験に興味をもつ最初の動機は「友だちが塾に通っているから」「楽しそうだから」などでも大丈夫**です。どんな動機であっても、学びや勉強が好きになる可能性は大いにあります。SAPIX小学部に入塾してくる子どもでも、必ずしも「この中学校に入りたい」「もっと勉強がしたい」といった希望をもっている子ばかりではありません。

また、中学受験に向けた勉強が合うか合わないかは、変容するものでもあります。**最初の段階では楽しく勉強していても、時間が経つにつれて「どうしても勉強に関心がもてない」時期がくることがあります。**

がんばろうとしてもがんばれない、勉強に興味をもつことができないといった状態が見受けられたら、率直に子どもと話をしてみましょう。

さらに、学校や塾の先生にも相談してみて、家庭以外での子どもの様子も聞いてください。**家庭でみせる顔と学校や塾でみせる顔が大きく異なっていることもよくあるからです。**

最終的には子どもと話し合ったうえで、保護者が撤退の決断をすることもあるでしょう。「周囲の子は受験に向かっているのに」「ここまでやってきたのにもったいない」という思いがよぎるかもしれませんが、子どもの気持ちが完全に離れている状態で受験をさせてもよい結果は生まれにくいものです。

いざというときは、勇気ある撤退を決断するのも保護者の役割だといえます。

Check!

▼**受験に向いているかは、トライしないとわからない**

▼**子どもの様子をみつつ、受験から撤退する決断をすることも大事**

SAPIX式

中学受験との向き合い方③

受験勉強だけに集中させるべき？

×

受験勉強以外はなるべく排除！

○

小学生らしい経験を大切にする

学校生活や行事が、子どもの人間的成長をうながす

SAPIX小学部では、学校へはきちんと通ったうえで受験期を迎えることをおすすめしています。登下校があるほうが生活リズムをつくりやすいこともありますし、**どんなに受験に向けてがんばったとしても、学校生活が小学生の基本であることは間違いないからです。**

6年生になると、たまに「学校を休ませて受験に打ち込ませたほうがいいでしょうか」「学校行事に参加している場合じゃないと思っているんです」という保護者がいます。

しかし、子どもの成長は計算が速くなることや漢字をたくさん書けるようになることだけではないはずです。

小学校で、クラスメイトと一緒にいろいろな体験をすることで成長できる部分が必

ずあります。

たとえば、移動教室で親元から離れ2泊3日の間お友だちと過ごすことで、人間関係や身のまわりの生活管理の必要性などたくさんのことを学ぶでしょう。

運動会も友だちと団結することやがんばってきた成果を発表する大事な機会です。こうした子どもの成長の機会は奪わないようにしてください。

また、**学校行事は子どもたちなりのストレス解消の場になっている側面もあります。**大人も、ストレスを発散することで新たにがんばる力が湧いてきますよね。

保護者が先回りして心配して、受験のために勉強以外の時間を排除しようとすることはおすすめしません。

小学校での生活を大切にして、きちんと人間的な成長をしていくことが子どもたちにとってとても重要なことなのです。

Check!

▼学校行事が子どもの成長やストレス解消の場になる
▼学校生活を楽しみながら受験勉強に向かう

SAPIX式

中学受験との向き合い方④

保護者が勉強を教えてあげるべき？

×

親が自宅でじっくり教え込む

○

専門家にゆだね、仲間と切磋琢磨する経験も大切に

学校や集団指導の塾だと自力解決しようと試行錯誤する

中学受験をするにあたって、お父さんやお母さんがじっくり子どもの勉強をみてあげなければいけないと思い込んでいるケースは少なくありません。

しかし、それは必ずしも正しい姿勢とはいえません。

子どもの勉強に関心はもってほしいですが、保護者が子どもに教える必要はあまりないと考えています。

親が子にマンツーマンで勉強を教えていると、教えすぎたり先回りしたりする危険性があります。本来は子どもが自分で考えられるように、「待つ」指導が必要ですが、それが親だとできなくなるからです。

学校や塾では、1対1にはならないので、子ども自身が自分の力で突破しようと、わからない問題に試行錯誤しながら取り組むようになります。また、クラスメイトの発言を聞いて、「なるほど。そういうやり方があるんだ」と学ぶこともあるでしょう。さらに、**まわりの子が集中しているのを見て、「自分もやらなければ」とモチベーションも強く働きます。**

中学受験に向けて勉強していると、6年生の後半ぐらいから自分のことだけでなく、「みんなで第一志望に行きたい」という気持ちが子どもたちに芽生えます。ほかの子の合格を自分のことのように喜べるようになるのです。家庭のなかだけで勉強をさせていると、これらの効果は得られません。

もっというと、保護者が子どもの中学受験指導にあたっていると、ご家庭で抱え込みすぎてしまうのではないか、という心配もあります。

中学受験はあくまで子どもたちが受けるものです。保護者が何から何までやらなければいけないわけではありませんし、そう思い込むことはむしろNG。

学校や塾の専門家の手を借りながら進めていくほうが、結果的にうまくいくケースが多いでしょう。

Check!

▼親子マンツーマンの勉強はうまくいかない可能性も。

▼子ども同士で切磋琢磨したり、試行錯誤したりする機会を大切に

SAPIX式

中学受験との向き合い方⑤

先取り学習は必要？

×

どんどん先取りする

○

発達段階に合わせたカリキュラムに沿う

先取りすると試行錯誤する経験が奪われる

中学受験というと、どんどん先取り学習をするイメージをもっている保護者がいます。しかし、**先取りをしていくことは、あまりいい結果を生みません。** 先取りすると、どうしても考えさせたり試行錯誤したりする過程をたどらずにスピーディーに覚えていく勉強法になりがちです。これまでお伝えした通り、知識偏重の学習では、現在の中学入試には対応できません。

また、「算数は積み上げ教科である」（112ページ）とお伝えしました。階段状になって、少しずつステップアップするカリキュラムに沿って学ぶことで本質的な理解ができます。

たとえば、小学生の算数では面積図や線分図を学びます。問題を読んで、それをビジュアル化して、小学生の抽象化能力でもわかるような形に落とし込み、答えを導いていきます。しかし、これらは大人からすると、中学の数学で習う連立方程式を使えば簡単に解ける問題で、ビジュアル化して解くステップが回りくどく感じます。

たしかに、面積図や線分図を用いて解く単元の最初にでてくる簡単な問題は、連立方程式の公式に当てはめれば解けるので、一見連立方程式が効率的に見えます。

しかし、高度な中学入試レベルの問題は、方程式では解けません。数学的な手法は定理に当てはめていくアプローチで、算数的な手法の条件をあぶりだし、見た目で理解する力とは異なります。そのため、ビジュアル化してイメージを湧かせる面積図や線分図を使って解くトレーニングを積んでいなければ、太刀打ちができないのです。

子どもには発達段階があります。子どもの発達段階に応じて、系統立てて各教科のカリキュラムは組み立てられており、階段を上るように少しずつ少しずつ難しくなっていきます。**1段目、2段目、3段目と積み上げになっており、一気に3段目に上ろうとしても、なかなかうまくはいきません。**急いで先取り学習をすることで、こうした階段を踏み外してしまうことも大いにありえます。

また、先取り学習をするとほかの子より先に習っているので、最初は「知っている、知っている」と優秀になった気がするでしょう。

しかし、後半戦にはだんだんとアドバンテージがなくなっていき、焦るようになります。**少しずつ周囲の子に追いつかれることで、子どもが苦手意識をもち、学ぶことが嫌になってしまう可能性も**十分あります。大事なことは、先に知っていることよりも、段階ごとにきちんと身につけていくことです。

Check!

▼**少しずつ難しくなる学習の系統を守った勉強を積み上げることで本質的な理解が深まる**

SAPIX式

中学受験との向き合い方⑥

第一志望の中学に入れなかった場合、高校受験でリベンジする？

×

「高校（大学）受験でやり直そう」と子どもに伝える

○

しばらく子どもの様子をみて、楽しんでいれば問題なし

「合格・不合格」で受験の「成功・失敗」は決まらない

中学受験は根本的に「あと」があります。

要は、受験が全滅したとしても公立中学校が控えているので、本来であれば大きなダメージは受けなくてもいいはずです。中学受験は一つの機会ではありますが、義務ではない。そうとらえて、保護者はあまり入れ込まないほうが賢明です。

なぜ、「入れ込まないほうがいい」のかというと、中学受験に失敗して意に沿わない学校に入ったあとに、「あんな勉強の仕方をしていたから失敗した」「大学受験はちゃんとやりなさい」と言われ続けて、子どもの心が折れてしまったという話を耳にするからです。

受験結果を責められたところで、取り戻せるものではありません。

第一志望に受からなかったという悔しさがあるのは事実だと思いますが、結果的に第二・第三志望、さらには公立中学校が楽しかった、という子どもはたくさんいます。

行事が盛んで、そこでのびのびと成長することができたり、先生から手厚い指導を受けられて順調に学力をつけられたりすることもあります。そして、**子どもは「住めば都」で、半年、1年経つと第一志望かどうかなど関係なく、その学校を楽しんでいることが多いものです。**

たまに、子どもが現在の学校を楽しんでいる姿をみることもせずに、「中学受験で失敗したんだから、中学1年生から塾に行って、高校受験でリベンジしなさい」とすすめる保護者がいます。もしかしたら、受験が「子どものため」ではなく、だんだんと「保護者自身のため」になっているのかもしれません。

「あなたのためよ！」と言ってしまいそうになったら、「これは本当に子どものために言っているのか」それとも「自分のために言っているのか」を一度立ち止まって考えてみてください。

中学受験が成功か失敗かは、合格・不合格で分けられるものではありません。たとえ第一志望が不合格であっても、**子どもが充実した時間を過ごせる学校に出会えれば、それは成功といえるのです。**

Check!

▼「住めば都」で、第一志望ではない学校でも子どもは意外と楽しめるもの。充実した時間を過ごしていればリベンジ受験はしない

SAPIX式

中学受験との向き合い方⑦

小学生のときに勉強しすぎると、あと伸びしない？

△

燃え尽きて、あと伸びしない子が多い

○

受験と学びへの意欲低下との因果関係はない

「勉強」の尺度だけで子どもを測らない

中学受験でがんばって希望の中学に入学できたことで燃え尽きてしまい、学びへの意欲がなくなることを心配する保護者がいます。けれども、**中学受験と中学以降の勉強への意欲低下との直接的な因果関係はありません。**

たしかに、昔は入試の内容に先取り学習で対応できる問題が多かったので、中学受験が目的化し、受験までに知識を詰め込んで、ゴールしたら燃え尽きるといった現象がありました。

しかし、現在はこうした知識偏重の詰め込み型の勉強では中学受験を突破することはできません。先ほども述べましたが、近年の中学入試においては知識をただ問うのではなく、子どもの生活や遊びのなかで得た知識を表現したり組み合わせたりする問題が多くだされるようになっているからです。

いろいろな体験をすること、そしてその体験から問いを育んで、自分で「なんでだろう？」と考えることがとても重要になってきます。SAPIX小学部でも、子どもたちが興味をもてるような問題をどんどん提示しています。そのため、学びに楽しさを覚えている子どもが多いように感じます。

中学に入って勉強をしなくなったとしたら、**「中学受験に打ち込んだから力を使い切ってしまった」というよりは、学習面ではなく、ほかのことに興味関心が向かっただけかもしれません。**「音楽にハマって、ひたすらバンド活動に打ち込むようになった」「マンガやアニメが好きになり、気の合う仲間とのオンラインコミュニケーションに没頭した」などいろいろなケースが考えられます。

大人は、つい勉強をするかしないかのモノサシで子どもを測ってしまいがちです。しかし、子どもたちのパワーの向かう先は決して学問だけではありません。

心配になる気持ちもわかりますが、もしかしたら、勉強以外の特技をもち、その才能を開花させて社会で活躍していくことになるかもしれません。大人の目線で判断するのではなく、少し長いスパンで子どもを見守ることも大事だといえるのではないでしょうか。

Check!

▼子どものパワーは勉強だけに向かうわけではない。子どもが夢中になっていることを見守るのが大事

おわりに

最後までお読みいただきまして、ありがとうございました。

この本のなかで、

「これをやってみよう！」

「これは子どもが喜ぶかも！」

といったアイデアにめぐり会えたでしょうか。

たくさんのヒントから、ご自身がワクワクしたものを選んで、ぜひ気軽にスタートしてみてください。その際に、子どもに押しつけがましくなってはいけませんよ。お父さんお母さんも一緒に楽しみながらトライしてみてください。

本書では、子どもの好奇心や興味関心、探究心を大切にしていく重要性を繰り返しお伝えしてきました。なぜならば、それが学び続ける力へとつながり、子どもたちが生きるうえでの原動力になるからです。

少しだけ、子どもたちの「育ち」についてお話をさせてください。

「子どもには安全な道を歩んでほしい」と思うのが親心なのかもしれません。でも、お父さんお母さんが、子どもがこれから歩む道をすべてならして整備してあげることはできません。たった数年で私たちが経験したような、予想もできない大きな社会変化が起きることもあるのです。

新たなことへ関心をもって学び続ける力は、どんなことがあっても、どんな環境に置かれても、しなやかに生きるために必須の力です。

私は教育とは環境整備だと思っています。土壌を耕して、水や肥料を与えていく。しかし、そこからどんな花が咲くかはわかりません。大人に求められていることは、個性あふれた花が咲くように環境整備を行って、でも結果はコントロールしようとしないこと、なのではないでしょうか。

結果を手放していくことに怖さを感じる気持ちもわかります。結果を手放すには、子どもへの信頼が不可欠だからです。

「この子ならば、大丈夫」

「どんなところでも、きっとやっていける」

そうしたお父さんお母さんの信頼が、子どもたちの誇りとなり、しなやかな生き方を下支えする土台となっていくはずです。

この本でお伝えしたヒントを一緒に体験していくことで、親子の信頼関係が深まっていく。私はそんな副次的な効果もあるのではないかと考えています。

自分の心に忠実に、たくさんの選択肢から主体的に道を選び取れる。そんな頭のいい子へ成長する子が増えてほしい。改めて、私はそんな思いでこの本に向き合いました。

快く取材に応えてくださったSAPIXの髙宮敏郎様、広野雅明様、国定栄太様、髙野雅行様、加藤宏章様、森本洋一様、誠にありがとうございました。

そして、ディスカヴァー・トゥエンティワンの編集者小石亜季さん。丁寧に原稿に向き合ってくださり、ありがとうございました。

最後に、子どもたちにとって、この本が、自身の「おもしろい！」を大事にしながら、自分らしい道を歩んでいくきっかけとなれば幸いです。そして、そんなイキイキとした子どもの姿をみて、笑顔になるお父さんお母さんがもっともっと増えていきますように。願いを込めて。

佐藤 智

10万人以上を指導した中学受験塾
SAPIX
だから知っている
頭のいい子が
家でやっていること

発行日　2023年2月17日　第1刷
　　　　2023年3月13日　第4刷

Author　佐藤智
Coverage cooperation　SAPIX小学部
Illustrator　加納徳博
Book Designer　新井大輔　八木麻祐子（装幀新井）

Publication　株式会社ディスカヴァー・トゥエンティワン
〒102-0093
東京都千代田区平河町2-16-1 平河町森タワー11F
TEL　03-3237-8321（代表）03-3237-8345（営業）
FAX　03-3237-8323　https://d21.co.jp/

Publisher　谷口奈緒美
Editor　小石亜季

Marketing Solution Company
小田孝文　蛯原昇　谷本健　飯田智樹　早水真吾　古矢薫
堀部直人　山中麻吏　佐藤昌幸　青木翔平　磯部隆　井筒浩
小田木もも　工藤奈津子　佐藤淳基　庄司知世　副島杏南
滝口景太郎　竹内大貴　津野主揮　野村美空　野村美紀　廣内悠理
松ノ下直輝　南健一　八木眸　安永智洋　山田諭志　高原未来子
藤井かおり　藤井多穂子　井澤徳子　伊藤香　伊藤由美　小山怜那
葛目美枝子　鈴木洋子　畑野衣見　町田加奈子　宮崎陽子

Digital Publishing Company
大山聡子　川島理　藤田浩芳　大竹朝子　中島俊平　小関勝則
千葉正幸　原典宏　青木涼馬　伊東佑真　榎本明日香　王廳
大﨑双葉　大田原恵美　佐藤サラ圭　志摩麻衣　杉田彰子　舘瑞恵
田山礼真　中西花　西川なつか　野﨑竜海　野中保奈美　橋本莉奈
林秀樹　星野悠果　牧野類　三谷祐一　宮田有利子　三輪真也
村尾純司　元木優子　安永姫菜　足立由実　小石亜季　中澤泰宏
森遊机　石橋佐知子　蛯原華恵　千葉潤子

TECH Company
大星多聞　森谷真一　馮東平　宇賀神実　小野航平　林秀規
福田章平

Headquarters
塩川和真　井上竜之介　奥田千晶　久保裕子　田中亜紀　福永友紀
池田望　石光まゆ子　齋藤朋子　俵敬子　宮下祥子　丸山香織
阿知波淳平　近江花渚　仙田彩花

Proofreade　文字工房燦光
DTP　株式会社T&K
Printing　シナノ印刷株式会社

https://d21.co.jp/inquiry/
ISBN978-4-7993-2933-7